U0077048

老人心理12講

李百麟 著

作者簡介

李百麟

學　歷　美國德州理工大學博士

現　任　國立高雄師範大學成人教育研究所教授兼成人教育研究所
　　　　　所長、成人教育研究中心主任

　　　　　美國認證諮商心理師

隨著高齡社會的來臨,以往較未受重視的老化相關議題相繼出現。由於台灣老化速度之快居全球第一,幾乎使得我們缺乏時間及經驗因應。政府部門許多單位也不遺餘力陸續舉辦活動或執行相關計畫,俾使老年人生活得更快樂及有尊嚴。例如,內政部提供老人敬老活動、長青運動會、才藝競賽、歌唱比賽的活動補助計畫。教育部於完備終身學習體制及促進全民學習的發展策略中,提出「黃金十年、百年樹人」計畫,規劃老人的終身學習之願景,各縣市樂齡學習中心及樂齡大學的規劃及設置,即為此計畫之一部分,也吸引很多長者的參與。衛生福利部結合有意願的村里辦公處及民間團體,參與設置社區照顧關懷據點,對於老人健康促進有很大幫助,譬如提供社區老人關懷訪視、電話問安、諮詢及轉介等服務。此外,進一步提出之「長照十年計畫」,更可照顧許多失能老人。這些活動或方案計畫的舉辦,雖彰顯了對老人族群的重視,然國內外各界仍呼籲政府或研究單位須投入更多的努力,以因應高齡社會之長輩多面向的需求。當然,部分反應靈敏的商界,也已進入此領域並提供多元的產品及服務。

　　欣聞李百麟教授撰寫《老人心理12講》一書,涵蓋老人心理學提及的身、心、靈及社會人際等議題。這些年來李教授在教學及研究對象即以老人族群為主,尤聚焦於高齡者之心理健康及認知評量方面,且研究著作多見於國內外著名期刊。就實務部分,李教授也

曾多次獲邀於各縣市政府擔任樂齡機構之評鑑和老人安養機構之義務顧問，並於樂齡中心、社區關懷據點、社區發展協會演講等。本人樂見李教授將其學術及實務經驗整合撰寫成書，希望隨著本書之發行，能協助對此領域有興趣人士於老人心理健康有加深、加廣的認識，進而促進高齡長者的健康。

　　本人樂意推薦此書，故為之序。

國立屏東教育大學校長

李賢哲　謹序

2013 年 11 月 1 日

賴 序

　　我長期從事老年精神醫學之研究、教學與服務，深知老人之心理是指其從出生到老年所受到的生物、心理與社會之影響，尤其是在老年以後所面臨之疾病、藥物及心理社會問題，更與老年心理與精神問題息息相關。台灣在 2012 年底之人口學統計，大於 65 歲以上之老人有 260 萬人，占總人口數之 11.2%。尤其 2011 年是第一波嬰兒潮轉變為老年潮，將會有大量的老人及老老人（old old people, 85 歲以上），針對這些未來諸多的老人心理及照護問題，目前國內之準備仍有所不足，需要政府更多資源投入及更多學術和醫療機構之專家協助。另外，老年人的自殺死亡率遠遠超過年輕人，目前國內老年人的自殺死亡率仍居高不下，在生活還算富裕的台灣，為何還有那麼多的老人活得不快樂呢？

　　此時李百麟教授以其多年研究老人族群心理健康之專長，蒐集國內外研究之結果，精選一些實用資料，以深入淺出的方式撰寫《老人心理 12 講》，真是彌足珍貴。相信在您看完此書後，會對於老年心理更加認識，而能照顧好自己及親友，大家共同學習健康的老化（successful aging），享受充實與幸福之老年生活。

中山醫學大學校長、台灣老年精神醫學會理事長

賴德仁　謹序

根據經建會的統計數據，65 歲以上老年人口占總人口比率將由 2012 年之 11.2%，增加為 2060 年之 39.4%。世界各國目前都面臨著老齡化及城鄉家庭空巢化問題，高齡人口快速增加，對國家、社會及個人均有重大影響，需要有健全完善的政策，系統性的規劃、執行、管理與檢討修正。

　　本人長期致力於抗衰老功能醫學，深深體會防患於未然的重要性。一個人即使擁有成功的事業、健康的身體，只要心理出了問題，後果還是不堪設想。最糟的當然是走上絕路，對於那些面臨事業不順、身體不健康問題的人，更不堪壓力、負面心理的折磨與影響，不少人選擇走上極端的路，這在社會新聞中已不是新鮮事。因應老齡化社會的來臨，在老年照護議題方面，需先：一、開展老年健康教育：優化老人心理健康、落實其健康生活型態、提升其自我身心預防保健及照護技能，和熟識運用其生活醫療服務資源等。二、提供老年專業醫療照護。三、活化關懷追蹤服務系統。四、設置知識技能薪傳班，讓老年人感覺活得尊嚴並對社會有貢獻。五、提供完善綜合日常服務等，才能營造理想、健康、安全、溫馨的老少兼融社會。

　　長期以來，傳統醫學及教育資源嚴重傾向於疾病的研究發展，因此，專門探討老年心理健康方面的知識來源並不多，欣聞李百麟教授願將其多年研究老人心理健康之經驗與心得和從業人員及讀者

分享，並介紹分析國內外學術發表，撰寫成《老人心理 12 講》。書中提到大家感到可怕但又不熟悉，如老人失智症、老人憂鬱等問題，家中成員一旦發生該如何因應，或未發生應如何降低其罹患機率等重要的參考建議。此外，本書也提到老人常面對的人際問題，如何精彩化他們的生活型態、優化他們的生活品質、適當化他們的運動等，真是值得大家期待並應用於摯愛的長輩親友，讓他們能活得更好、活得更長。

台灣抗衰老再生醫學會理事長、

國立台灣科技大學兼任副教授、

中山醫學大學兼任講師

李兆麟　謹序

年少時，身體健朗是常態。中年了，感覺到身體狀況逐漸衰退變化，而且這種變化快到可以感覺得到。記憶力也漸漸變差，心靈方面想要提升，人際關係上與老朋友互動較多。還沒到老年，希望對這階段有些了解，並預做準備。此外，這些年來本人教學及研究對象以老人族群之心理健康為主，所以也希望將一些這方面不錯的文獻資料提供讀者參考。本書涵蓋老人心理學經常提到的身心靈及社會人際等議題，希望對這些議題之介紹及探討，能讓讀者對於老人心理有更多的認識，並進而直接或間接的促進他們的健康。

本書對每一議題之探討以國內外研究之結果為主，並以深入淺出的方式呈現出來。如此，會比較容易吸收國內外寶貴的文獻資料，這些資料一旦被我們吸收及應用後，它們的價值也才能顯現出來。譬如，老人失智症是國內外文獻中常被提及長輩們最害怕得到的疾病，可是我們對它的了解有多少？是否有方式可以降低其罹患之機率？文獻中對此議題已經有很多探討，筆者也試著提供一些資料給讀者參考。此外，本書涵蓋了部分老人族群的重要議題，譬如活躍老化、老人憂鬱、認知變化、身體活動、老人學習及宗教等。希望本書的問世能有助於這些高齡議題受到多一點關注。

當然，本書掛一漏萬，還請不吝指正。

謹獻此書給我親愛的母親、我敬愛的大哥、我深愛的家人，及目前在天上但卻永存我心的爸爸。

李百麟 謹識

目次

第一講 概　論

台灣老年人口成長速度堪稱世界第一。為因應
高齡化社會的到來，對於老人身心狀況及老化
相關議題之了解，將有助於我們對於老人自我
保健及照顧服務品質之提升。

　　生老病死，乃生命之過程。但相信大家都同意，並非每一生命都能幸運的活到老；即使長壽，也非每一長輩都能快樂的享受老年生活。筆者引述國內外文獻，希望能藉此書各章節呈現及探討老化之重要心理相關議題，增加讀者對老人族群之了解，以助自己或他人生活得更健康及快樂。至於資料呈現方式，也盡量深入淺出，使能將更多學術資料散播出去，與更多人分享。

　　雖然人口老化為世界趨勢，然而台灣老年人口成長之速度堪稱世界第一。根據內政部 2009 年公布統計資料，1993 年 9 月底，台灣地區六十五歲以上的老年人口為 1,485,200 人，占總人口之 7.09%，已經達到聯合國世界衛生組織（World Health Organization, WHO）所訂的高齡化社會指標；2013 年 12 月底，老年人口已增加到 2,684,179 人，占總人口的 11.49%（內政部，2013）。根據筆者初步估算，2012 年 2 月至 2013 年 2 月這一年內，每個月老人增加的速度皆以 6,000 人（或占總人口數之 0.02%）左右的幅度增加。另依據行政院經建會推估，在 2025 年左右，台灣的老年人口將達總人口的 20.1%，即每五人中就有一位是六十五歲老年長者。人口總數之增加當然與醫療技術進步及國民衛生教育有關，而與國民日益重視飲食養生及身心健康行為也不無關聯。

　　所以，我們每一個人在日常生活中遇到老人的機會將愈來愈高，即與這一族群見面或互動的機會將不斷增加。為因應高齡化社會之到來，對於老人身心狀況及老化相關議題之了解，當有助於我們對於老人自我保健及照顧服務品質之提升，更能增進老人生活滿意度。且長輩們年輕時對社會多有奉獻，年邁時享受具品質的生活也是各界應盡之義務，同時也是人道之體現。當然，在與老人互動

的同時，也應注意到維護長輩之尊嚴。

　　相較於其他學科，老人心理健康是較新的學門，隨著高齡人口的增加，此議題當然也就愈來愈受重視（彭駕騂，2008）。與國外相較，台灣在此領域之研究發展更是有待加強。本書之內容大部分取材於國外科學性期刊之研究結果，盡量能提供較新的研究結果供讀者參考。當然也盡量不遺漏本土老人之身心相關研究，以更清楚我們台灣老人身心發展狀況。以下提供學界對於老人之定義、老化的一些學說，以及老人常面臨的困境供參考。

🍁 老人之定義

　　李宗派（2010）認為，定義老人，在實際社會生活上的現代文明國家均一致採用生物年齡為法定標準，來區分老年與非老年或老人與非老人之界限。另外也有一些老人學專家認為理想上應該依照個人之生物年齡、心理年齡、社會年齡、健康年齡、更年期適應、退休活動與社會期待等之項目，加以綜合評分，然後確定誰是老人或老年。

🍁 老化的概念

　　隨著光陰之流逝，我們身心日漸老化，學者對於老化（aging）的概念有以下幾項。

一、自然老化（chronological aging）

　　即人自出生後，便隨著年齡增加而一直進行的老化過程（發

展、成熟到衰老）（林歐桂英、郭鐘龍譯，2003; Ries & Pothig,
1984）。因為每個人的身體組織以不同速度成長，而感染或罹患疾
病的情形也大大不同，個人的差異也就日益增加（Bae et al.,
2008）。所以有學者認為，以自然老化為指標難以精確的提供老人
的身體功能狀況（Bae et al., 2008; Finkel, Whitfield, & McGue,
1995）。此外，愈來愈多的學者研究指向個人生活型態也是造成個
人健康情形的重要指標。所以，想要以「年齡」之多寡來精確判斷
個人的老化情況，可能會有很大的誤差。

二、生物老化（biological aging）

即隨著年齡增長，身體功能會有所改變，譬如生理器官系統的
使用效率下降（如：心臟跳動速度、骨頭的密度、血壓的高低等）、
體內生化物質之增減或荷爾蒙之變化，所以此生物老化又稱之為「功
能性老化」（functional aging）（林歐桂英、郭鐘龍譯，2003; Bae et
al.）。Bae 等人認為，就實務而言，這個結合生理（physical）、生
化物質（biochemical）及荷爾蒙（hormonal）的生物老化指標應是
更精確的（註：在他們之前少有人將荷爾蒙因素列入此指標）。因
為有些人年紀大了，卻仍然很有活力，有些年輕人卻一身是病。所
以，這個面向的老化應該被重視。生物老化的速度可能快於或慢於
自然老化的速度。

但是，不同個體老化程序不同，造成了每個人自然老化及生物
老化間的差異（Anstey, Lord, & Smith, 1996），此生物老化的數據在
個人彼此間可以有很大的差異，此差異也被認為與人類壽命有關係
（Mitnitski, Graham, Mogilner, & Rockwood, 2002）。所以，早在

1980 年代學者 Borkan 與 Norris（1980）即指出，生物老化是我們健康狀態的指標。此外，老化還可以被多種因素影響，譬如環境、營養、運動、基因等，所以，自然老化雖然是不可避免，醫學科技的目標應該是隨著不可避免的自然老化來降低我們的個人生物老化。

三、社會老化（social aging）

　　一個人的年齡高低常常會改變社會他人對其角色之期待，但這種角色的期待似乎也非固定不變的。

　　李宗派（2004）認為，老化之社會理論都在解釋老人社會關係及社會結構之變遷與老人晚期之生活及健康之關係。他論文提到，老人是否能適應老人生活，常與其是否能接受社會所賦予的「老人角色」有關，除社會角色外，所謂年齡規範（age norms）也常被提及。李宗派認為，一個人到了某一年齡有能力及應該去做某些事情，就是所謂的規範。他舉例說，一個老年的寡婦開始跟一個年輕人約會談情，可能會被她家人或社會認為她的行為與她的年齡是不相配稱的。

　　社會對老人角色的看法是會隨時間改變的（甚至還可能被國外文化所影響），例如以前我們常認為老人是應該待在家裡「休息」的，現在的老人戶外休閒（唱歌、跳舞、爬山、出國旅遊）等活動可多著呢，反倒是年輕人多喜「宅」在家裡。又如，以前的模特兒職業是年輕俊男美女的專利，現在即使最暢銷的時尚雜誌，也出現臉上有皺紋的老人模特兒了。另外，像是以前速食店常擠滿年輕人，現在也看到愈來愈多的老人待在速食餐廳中用餐了。所以，老人應該或不應該做什麼，筆者認為老人生活界線已經隨著多元化的自由

社會而漸趨模糊，老人的角色是可以隨著自己的方式與興趣而改變的。老人也需要稍加解放自己的固有角色定位，去追尋自己的快樂或夢想，如同電影《不老騎士》中騎摩托車環島圓夢的長輩一般。

以下從心理觀點看老化後長輩的因應方式、心理發展、情緒變化，及大腦資訊處理速度等；也從社會學觀點看老人的社會參與活動，詳如下述。

一、心理學的觀點看老化

(一) 選擇最適化及補償理論

美國心理學家 Baltes 與 Baltes（1990）認為，老化是一種對於生活不便利，做出一些有效策略上的應用。成功老化的長輩會選擇相對最佳方式來補償身體之日漸衰弱，這是一個對老年人非常好的應對老化的方式，可增進其生活幸福感，也可讓生命更有意義。Baltes 與 Baltes 使用變異（variability）與彈性（plasticity）的概念，將老化的成功與否定義為一種心理適應良好的過程，其中包含三個元素：選擇（selection）、最適化（optimization）以及補償（compensation），簡稱 SOC 模式。後面講次會有更詳細的解釋說明。

(二) 社會心理發展（psychosocial development）

Eric H. Erikson 將人生全程視為連續不斷的人格發展歷程，提到人類發展的八個階段，分別為嬰兒期、幼兒期、學齡前兒童期、學齡兒童期、青少年期（青春期）、成年早期、成年中期以及成年晚期，最後一階段（成年晚期）的挑戰即是統整與失望。亦即，老年人認為其前幾階段適應發展良好，生活滿意，則心理上達到統整圓

滿；否則，即感到失望（Stevens, 1983）。英國倫敦大學學者 McFarquhar 與 Bowling（2009）也指出，老人心理較健康者較易達到活躍老化（active aging）的境界。活躍老化概念，包括身體心理健康、社會參與、獨立、自主（WHO, 2002），及追求生命中有意義的事情（Walker, 2002）。

此外，心理老化還涉及到老年人的知覺反應速度及認知能力等議題（Morgan, 2006）。Morgan 認為老年人雖然某些知覺反應變慢了，但是不全然是缺點。如老年人寧可開車慢一點，加速時和緩一些，以安全抵達目的地（參考 Schlag, 1993）。Morgan 還提出廣泛被使用的《魏氏成人智力量表》（WAIS）對老人測驗的結果也顯示，老人在「語文智商」（verbal IQ）表現得比較好。亦即，在此項下之老人的分項測驗如詞彙（vocabulary）、常識（information）及理解（comprehension）等能力退化得較慢；他認為在「作業智商」（performance IQ）則退化較明顯，在此項下之分測驗包括：圖形設計（block design）、數－字序列替代測驗（digit symbol substitution, DSS）及圖畫補充（picture completion）等。

(三) 社會情緒選擇理論

社會情緒選擇理論由美國史丹佛大學心理學家 Laura Carstesen 發展出來，強調我們改變我們的目的（選擇）基於我們還存活的生命而定，並強調我們的社會人際網絡的擴大與年紀大以後人際網絡的縮小，也是基於我們的剩餘生命而定（Berk, 2007）。中年以後我們會與家人有較密切的關係，朋友僅剩下幾位知心好友。因為這理論的學者認為人們所剩的生命無幾時，人際關係的品質就顯得格外

重要。人們的體力與心理方面隨著年齡的不同,使得人際交往產生變化。年輕人需要資訊(information)、引導(guidance)及別人不斷的對他們的肯定(reassurance),相較之下中年以後就較不需要這些了(所以他們認為朋友變少也就相對無所謂了),但與家人、兄弟姊妹的聯絡會增加。

　　Birditt、Jackey 與 Antonucci(2009)認為,根據這個理論,隨著年紀增大,我們為要保持良好的人際關係,就會「忘記」或「不去注意」自己負面的情緒事件,而專注於引發良好情緒的事件讓自己保持良好的心情,所以老人的負面情緒應該會愈來愈少(詳參 Carstensen, 2006)。Birditt、Jackey 與 Antonucci(2009)的研究發現,老人與朋友及小孩的負面關係似乎愈來愈減少,但是與自己配偶的關係則呈現不同的情形(詳參第九講「老人人際關係」章節)。

(四) 大腦資訊處理速度理論

　　這理論認為由於老化,我們大腦處理資訊的速度降低,因而導致認知功能的損傷。這裡的認知損傷有兩種可能原因(Salthouse, 1996):

1. 在有限的時間內無法完成指定之任務,此即所謂的有限時間機制(limited time mechanism)。
2. 當前面的資訊處理任務完成後,後面資訊處理時前面完成的資訊恐怕又不在了,無法同時處理(simultaneously)。這就是所謂的同時機制(simultaneity mechanism)。

　　這個理論與 Glisky(2007)所提到的人類大腦的老化基本上指的是「注意力」及「記憶力」很相似,都認為老人在注意力及短期

記憶之能力有退化情形。Glisky 認為雖然老化會影響我們的大腦資訊處理，有些老人這兩方面的能力保持得相當不錯，但某些長輩就表現得很差，個人差異很大。這些個別差異之因素，在第七講「老人認知功能」會有更多的探討。

二、社會學觀點老化理論

(一) 社會撤退理論

隨著年齡日增，老人的體力日趨衰退，健康情形也開始出現一些警訊，又由於在社會上象徵生產力舞台（如職業或其他頭銜）的逐漸喪失，老年人會變得愈來愈少參與社交上的活動。但這也是老年人在不能適應社會時，保護自己的方法（陳聰興、蕭雅云，2007）。從另一個觀點來看，老年人對社會不再有貢獻時，應退出社會，讓年輕人取而代之，以維持社會的延續（徐立忠，1996）。

社會撤退理論（social disengagement theory）視老年離開社會有一個時間點，亦即當年紀老邁能力不足時，老人即很自然的減少與社會之互動（Cumming & Henry, 1961）。例如：由工作崗位退休，或身體衰退離開自己之前的單位或團體。而當他們退出後，社會也將之前對他們角色之禮遇或尊崇傳遞給較年輕者。另有一派角色理論（role theory）學者主張，撤退對老人而言，只是參與形式的轉變（黃春長，1994）。其主要的轉變在於拋棄成年人的角色，而需要適應老年人的新角色。就情感上而言，這種論點似乎較能為老年人所接受，因為他們只是邁向人生的另一個階段而已，並非就此與社會脫離關聯（disengagement）。理性上或實務上來講，這也是說得通的。例如在我們台灣社會，不管民間或政府機構，為人服務的人

員有很多都是退休老人志工來擔任，可以看得出來，許多老人是很有意願與社會互動的。更可貴的是他們常常是可以信任依賴的一群，說到做到。

(二) 社會活動理論

　　社會活動理論（social activity theory）之見解位於社會撤退理論之反向，這理論認為根據我們所參與的活動我們就可以界定自己（參見Moody, 2010）。也就是當老人積極參與社會活動，他們的生活似乎過得更為滿意。所以，這理論強調老年時繼續保持其中年、少年時的良好習慣、人格特徵及生活方式等，將有助於其心理健康與生活滿足（參見李宗派，2004）。Moody還提到，這裡所謂的社會參與或持續退休之前的活動，可能不見得要參與多麼正式的活動，重要的是老人心態上如何看待這些活動。

三、老化之生命過程觀點

　　此觀點融合多種理論，並視老年為一個整體生命過程（life course）最後一個階段（Quadagno, 2007），此觀點認為（Elder Jr., 2002）：

1. 重視兒童、成人至老年期的整個生命發展過程，這些個別階段共同組成生命歷程。
2. 每個人有選擇性的建構自己的生命。
3. 所有人生中重要事件的時間點及每個人在人生歷程各階段所扮演的角色，對爾後發展都很重要。
4. 人際關係不斷影響我們。

5. 每個人之人生經驗，受社會上不同事件發生之時間、地點的影響。強調個人生活經驗事件與其社會歷史脈絡相關聯。

🍁 台灣老人常面臨的問題

　　李宗派教授長期關懷美國及台灣老人所切身面臨的問題，他認為這些問題已不是某一國家或某一地區之特有產品，而是全球性的問題。就宏觀的政策層面而言，他認為老人所切身面臨的（身心及社會）問題包括（李宗派，2010）：

1. **經濟安全問題：** 老年或老化人口急速增加，顯示整個社會之消費與依賴人口相對增加，對於整個國家社會之社會經濟發展、醫療衛生、教育福利、退休安養以及政府之財政負擔，的確產生極為嚴重的社會問題。

2. **醫療保健問題：** 台灣老人之長期療養與照顧，大多由家人、親友或是私人之療養、護理機構提供服務，照顧費用昂貴，照顧標準與服務品質雖有各級政府評鑑，但很難保證老人得到現代化之療養服務。

3. **老人住宅問題：** 政府在住宅政策方面，雖有興建國民住宅提供給低收入戶購買，但供不應求。台灣之低收入老人、身心障礙者、精神病患者、老人失智症者、家庭暴力受害者、老人虐待受害者以及老人遊民等之居住安養，尚待政府的經濟與社會福利政策落實與住宅政策之改變，才能獲得改善。

4. **老人教育休閒問題：** 老人需要合乎時代之生活教育與休閒方案來提供適當作息調節，如此可使老人感到生活與生命具有意義。

5. 老人退出生產問題：李宗派（2010）認為從微觀面來看老人所面臨的問題（個人生活適應層面）有：失去身分地位、被逼退休收入減少、人生價值下降、生存意義模糊不清、失去健康乏人照顧、性愛需求遭受社會歧視、家族親友離散、遭到侵犯攻擊、被社會歧視、營養不良、缺乏適當之居住環境、老人虐待與恐懼死亡等等。

　　老人虐待問題是相當令人遺憾的事件，該問題也日漸受到國內外重視。台灣大學楊培珊教授（2012）論文提到：「內政部家庭暴力事件通報統計資料顯示，2007 年老人虐待通報案件有 1,952 件，2008 年有 2,271 件，2009 年增加到 2,711 件；另外，根據 113 家暴保護專線統計資料，2008 年老人虐待案有 949 件，2009 年增加為 1,017 件，2010 年又增加為 1,262 件，兩項統計資料均呈現老人虐待有逐年增加的趨勢」，雖然此類案件逐年增加，但是台灣目前老人虐待通報案件比率不到千分之一，所以楊培珊教授提到加強以下三點以減少老人虐待事件發生：

1. 責任通報人員的專業訓練，使責任通報人員對於老人虐待有一定的敏銳度，以提升通報率。
2. 加強社會大眾宣導老人虐待與老人保護的觀念，提高大家對於老人保護的認識，使社會大眾都能關懷周遭的老人。
3. 借鏡國外經驗及吸取其成果。

　　此外，成功大學王靜枝教授也有相關老人虐待論文可參考（Wang, 2006）。專欄作家鍾文鳳（2013）觀察描寫安養院長輩生活百態，提到一位 A 長輩的遭遇：

A：我想搬回安養中心，想念門前的桂花樹，想念和你們
　　在一起的日子。

訪談者：歡迎老大哥搬回來住。

A：我兒子、女兒都會不答應。

　　鍾文鳳提到原來 A 的兒女們，分了老大哥的現金、股票、房
契，遠走他鄉，雖然沒被棄養，但有如被「當」在養護所。老人的
尊嚴、老人的心願、老人的自主權在哪裡？現代的兒女們可曾想到？

　　相較於國內報告，國外學者Laumann、Leitsch與Waite（2008）
使用美國社會生活健康及老化計畫（National Social Life, Health and
Aging Project）所做的關於老人虐待研究結果發現，老人曾遭受語言
虐待的比率為 9%，財務方面的虐待為 3.5%，身體方面的虐待為
0.2%。他們研究進一步分析發現，女性比男性更容易遭受到語言虐
待；身體不健康者比身體健康者更容易遭受語言虐待。種族方面則
為拉丁裔美國人比白人更不易遭受這方面的虐待。財務方面的虐待
則是美國非裔美人較多數遭受虐待，白人又比拉丁裔為高。此外，
有配偶或有親密關係朋友者又比那些單身者不容易遭受虐待。

　　此外，周煌明（2000）提到台灣老人所面臨的問題有：

一、平均壽命延長與健康問題

　　　　據內政部統計處「中華民國85年老人狀況調查結果」
　　顯示：台灣地區六十五歲以上之老年人自認為有身心障礙
　　的老人占 15.31%，自認為健康不大好，患有慢性疾病的老

人占 55.69%，比率不低。（周煌明，2000）

另一份研究為內政部「中華民國 94 年老人狀況調查結果摘要分析」，指出：六十五歲以上老人對自己目前健康與身心狀況表示「好」者占 33.44%，「不好」者占 29.52%。患有慢性病或重大疾病者占 65.02%，以患有循環系統疾病者占 55.16%最多。可見身體健康情況是老人及其工作者須面對的重要問題。

二、社會環境、工作與經濟問題

依據調查顯示，1996 年台灣地區六十五歲以上老人生活費用主要來源，以依賴於子女（含媳婦、女婿）供給最多，占 48.28%；其次為來自本人終身俸或退休金者，占17.55%；再次為來自本人或配偶的積蓄（含變值財物），占 13.15%；來自社會救助者（含老人生活津貼），占6.37%；本人工作收入者，占 7.3%。老人就業不易，收入中斷，中低收入老人雖有政府的福利措施予以照顧，畢竟為數有限。（周煌明，2000）

所以老人若無穩定之經濟來源，則需仰賴子女是否孝順供養，如果子女孝順則安享晚年，若不然，晚景將更是淒涼。因此經濟來源之穩定是老人要面對的重要議題。

三、蛻變的家庭結構與老人居住安養問題

　　目前社會型態常看年輕夫妻在外工作，老人不是單獨
留守老家，獨力生活，就是輪流到已成家的子女家中住。
……若子女長期旅居國外，或不能和子女同住的老人，不
是寄養於安養中心就是獨居無人照顧。……雖然目前老人
的居住型態仍與子女同住為主，但意願卻在下降之中
（1993～1996 年降幅約 2.89%），兩老同住或獨居的型態
也在擴展當中（增幅約 2.0%），所以居住安養問題，尤其
是對獨居老人的關懷與照顧，應是當前老人福利工作的重
點。（周煌明，2000）

　　張瓊方（1997）認為，台灣在目前福利制度尚未健全的情況
下，老人照顧是一個重大的社會責任，「私化」成家庭問題的結果，
使得老人的存在變成一種家庭的「累贅」。胡幼慧（引自張瓊方，
1997）研究婦女問題時發現，「凡是強調三代同堂、以家庭取代老
人福利的亞洲社會，老年婦女自殺的『相對風險』都比歐美高。」
筆者認為這應該不是意味著彼此間的因果關係，而是他們點出了一
個現象，供大家思考這現象背後的意義是什麼，以及如何藉著一些
社會福利制度來改善這現象。譬如，美國的社會福利制度就提供了
需要經常性照顧的失能老人額外的照顧津貼，這對於收入有限的家
庭而言，可說提供了重要的資源。王增勇（2013）提出「家庭照顧
有酬化」想法來挑戰目前家庭照顧是理所當然的孝道精神表現，也

讓社會大眾重視家庭照顧者所面臨的經濟困境，因為家庭照顧者的這個角色是我們在人生歷程中很有可能會面對的階段。

四、世代的鴻溝、文化的階級與生活調適的困難

當前這一代的老人價值觀、家庭倫理等方面與年輕的一代不同，所以或多或少出現衝突的情形，老人容易感受到尊嚴受到威脅。再加上高科技產品不斷出現、鄰里較少往來等現象，使老人感到環境的陌生，心理上於是產生疏離感，需要適當的調適。

結論

目前各界對於老人的各方面關懷有增加之趨勢，例如教育部推動的樂齡大學或內政部推動的社區照顧關懷據點等，可以增加老人與外界之互動、獲得學習樂趣，也提供生活及福利保健等多方面的資訊，可以有效的增加其生活品質及滿意度。這些針對中老年人的政策值得鼓勵以造福老人。各老人相關基金會或協會也有很多關懷活動，如弘道基金會之「不老騎士」、「不老戰士」，甚至還有「不老比基尼健康體態培訓班」，讓老人展現更多笑容與圓夢。其他還有很多機構團體或社區對於老人之照顧也都很貼心及專業，例如台南金華社區結合在地中華醫事大學資源設計老人專用公園，經由特殊設計，讓老人家有優先使用權，另也設計一些遊戲活動與老人同樂。該社區營造高齡友善社區之溫馨，為該里里長與社區居民一起努力的結果。慶幸社會各界（包括媒體）對於老人之相關議題日益重視，希望透過這種氛圍，讓長輩們能夠得到更多的關懷與快樂，使他們身心更加健康，進而達到活躍老化的目標。

參考文獻

中文部分

內政部（2013）。內政統計月報人口數三段年齡組。2013 年 12 月 10 日，
　　取自 http://sowf.moi.gov.tw/stat/month/ml-05.xls

王增勇（2013）。從「家庭照顧有酬化」談家庭照顧者的經濟支持。2013
　　年 5 月 26 日，取自 http://familycare.org.tw/attachments/article/166/
　　NO61.p df

李宗派（2004）。老化理論與老人保健（二）。身心障礙研究，**2**（2），
　　77-94。

李宗派（2010）。現代老人問題與公共政策之探討。台灣老人保健學刊，
　　6（2），95-135。

林歐桂英、郭鐘龍（譯）（2003）。N. R. Hooyman & H. A. Kiyak 著。社
　　會老人學（Social gerontology: A mulitidisciplinary perspective）。台北
　　市：五南。

周煌明（2000）。老人問題探討。復興崗學報，頁 1-28。

徐立忠（1996）。老人福利政策之探討與建構。社區發展季刊，**74**，
　　68-78。

張瓊方（1997）。無言的抗議？從自殺看台灣。台灣光華雜誌，三月號，
　　122。

陳聰興、蕭雅云（2007）。老人諮商的議題。諮商與輔導，**258**，25-28。

彭駕騂（2008）。老人心理學。台北市：威仕曼。

黃春長（1994）。老年學的主要理論。載於黃國彥（主編），高齡化社
　　會。嘉義縣：國立嘉義師範學院。

楊培珊（2012）。歐美老人保護政策與方案。2012 年 6 月 20 日，取自 http:/
　　/www.elderabuse.org.tw/ImgElderabuseOrg/20111121141518.pdf

鍾文鳳（2013）。一起幸福到老：安養院的流轉人生。台北市：遠景。

英文部分

Anstey, K., Lord, S., & Smith, G. (1996). Measuring human functional age: A review of empirical findings. *Experimental Aging Research, 22*, 245-266.

Bae, C. Y., Kang, Y. G., Kim, S., Cho, C., Kang, H. C., Yu, B. Y., ... & Shin, K. (2008). Development of models for predicting biological age (BA) with physical, biochemical, and hormonal parameters. *Archives of Gerontology and Geriatrics, 47*(2), 253-265.

Baltes, P. B., & Baltes, M. M. (1990). Psychological perspectives on successful aging: The model of selective optimization with compensation. In P. B. Baltes & M. M. Baltes (Ed.), *Successful aging: Perspectives from the behavioral scienc*e (pp.1-34). New York, NY: Cambridge University Press.

Berk, L. E. (2007). *Development through the lifespan: Socioemotional selectivity theory*. Retrieved September 10, 2012, from http://wikis.lib.ncsu.edu/index. php/PSY_376_Socioemotional_selectivity_theory

Birditt, K. S., Jackey, L. M. H., & Antonucci, T. C. (2009). Longitudinal patterns of negative relationship quality across adulthood. *Journal of Gerontology, Series B: Psychological Science & Social Sciences, 64B*(1), 55-64.

Borkan, G. A., & Norris, A. H. (1980). Biological age in adult-hood: Comparison of active and inactive U. S. males. *Human Biology, 52*, 787-802.

Carstensen, L. L. (2006). The influence of a sense of time on human development. *Science, 312*, 1913-1915.

Cumming, E., & Henry, W. E. (1961). *Growing old*. New York, NY: Basic Books.

Elder Jr., G. H. (2002). *The life course and aging: Some accomplishments, unfinished tasks, and new directions*. Presented at the annual meeting of the Gerontological Society of America, Boston, MA.

Finkel, D., Whitfield, K., & McGue, M. (1995). Genetic and environmental influences on functional age: A twin study. *Journal of Gerontology, Series B: Psychological Science & Social Sciences, 50*, s104-s113.

Glisky, E. L. (2007). *Introduciton: Changes in cognitive function in human ag-*

ing. Boca Raton, FL: CRC Press.

Laumann, E. O., Leitsch, S. A., & Waite, L. J. (2008). Elder mistreatment in the United States. *Journal of Gerontology, Series B: Psychological Science & Social Sciences, 63*(4), s248-s254.

McFarquhar, T., & Bowling, A. (2009). Psychological well-being and active ageing: Maintaining quality of life older age. *European Psychiatry, 24*(1), 1102.

Mitnitski, A. B., Graham, J. E., Mogilner, A. J., & Rockwood, K. (2002). Frailty, fitness and late-life mortality in relation to chronological and biological age. *BMC Geriatric, 2*, 1-11.

Moody, H. R. (2010). *Aging*. Thousand Oaks, CA: Pine Forge Press.

Morgan, K. (2006). Psychological aspects of ageing. *Women's Health Medicine, 3*(2), 81-83.

Quadagno, J. (2007). *Aging and the life course: An introduction to social gerontology* (4th ed.). New York, NY: McGraw-Hill Humanities/Social Sciences/ Languages.

Ries, W., & Pothig, D. (1984). Chronological and biological age. *Experiental Gerontology, 19*, 211-216.

Salthouse, T. A. (1996). The processing-speed theory of adult age differences in cognition. *Psychology Review, 103*, 403-428.

Schlag, B. (1993). Elderly driers in Germany: Fitness and driving behavior. *Accident Analysis & Prevention, 25*, 47-55.

Stevens, R. (1983). *Erik Erikson: An introduction*. New York, NY: St. Martin's.

Walker, A. (2002). The evolving meaning of retirement: A strategy for active ageing. *International Social Security Review, 55*, 121-139.

Wang, J. J. (2006). Psychological abuse and its characteristic correlates among elderly Taiwanese. *Archives of Gerontology and Geriatrics 42*, 307-318.

World Health Organization [WHO] (2002). *Active ageing: A Policy Framework*. Geneva, Switzerland: Author.

第二講　老人心理健康策略

隨著台灣老人人口增多，針對老人居住、休閒、娛樂等提供品質日益受到重視，這些問題需要政府及社會多方面費心，才能維持並促進老人身心健康快樂。

隨著台灣老人人口增多，針對老人居住、休閒、娛樂等提供品質日益受到重視，這些問題需政府及社會多方面之費心，才能維持或促進老人身心健康快樂。老人的心理問題若僅從心理方面進行，將無法有效解決，因為身心靈及生活是息息相關的。就如同研究提到的，老人生活滿意度包含很多面向（身體、心理、人際關係、經濟、休閒等），且彼此間互相牽引（李百麟，2009）。譬如人的身體若是多處病痛，自然難以維持快樂的心理；若是人際社會關係（社會網絡）不佳，當然也容易鬱鬱寡歡，心裡不舒服，有話都沒得說。所以有時看到一群老人見面聊天聊個沒完，實在是因其平時少有傾吐對象。因此我們討論老人心理問題，雖以心理健康為核心，卻同時也會觸及其他與老人心理健康相關的議題，如身體、心理／心智，及社會議題、生活習慣、信仰、財務、性別、教育程度、外在環境等。這些內容有些會在本章介紹，有些在其他講次討論，均是非常實際且息息相關的。

老人心理愈來愈健康？

這答案是肯定也是否定的。因為不同學者間曾利用不同的心理評量工具評量成人及老年人的不同心理特質，如憂鬱症、快樂量表、正向或負向情緒等，在此很難將年齡與心理健康間的關係做一個定論。

Koening、George 與 Schneider（1994）認為，未來將會有愈來愈多的老人需要心理治療相關服務。Swindle、Heller、Pescosolido 與 Kikuzawa（2000）從 1957 至 1996 近四十年的長期研究指出，愈

來愈多的人認為自己「快崩潰了」，而且，使用心理服務如心理諮商或心理治療等人口有逐漸增多的趨勢。再來看看台灣情形也是如此，譬如《天下雜誌》在 2003 年的國情調查：「台灣人，你幸福嗎？」的報告顯示：台灣人自認幸福的人口總數比例不到 50%（楊瑪利，2003）。類似的學術性研究分析，如中央研究院社會學研究所及國科會自 1985 年以來，合作蒐集「台灣社會變遷基本調查」累積了長期大量資料。他們將老人之心理健康在情緒症狀及身體症狀兩面向，各以五個題目詢問民眾。情緒症狀的問題是：「最近兩星期以來，個人所知覺之自己的情緒症狀的狀況」，是否：

1. 覺得許多事情是個負擔。
2. 覺得對自己失去信心。
3. 覺得生活毫無希望。
4. 覺得緊張不安、無法放鬆。
5. 覺得和家人或親友會令我擔憂。

由心理所引起的身體症狀則包括了是否：

1. 覺得頭痛或頭部緊緊的。
2. 會心悸或心跳加快、擔心可能得了心臟病。
3. 感到胸部緊緊的，很不舒服。
4. 覺得手腳發抖或發麻。
5. 覺得睡不好。

吳齊殷（2007）分析其資料發現，不同年齡層台灣民眾之心理健康－情緒及身體症狀，兩者自 1990 至 2005 年十五年間表現呈現逐年惡化的長期趨勢（如圖 2-1、圖 2-2）。吳齊殷這份資料可以讓

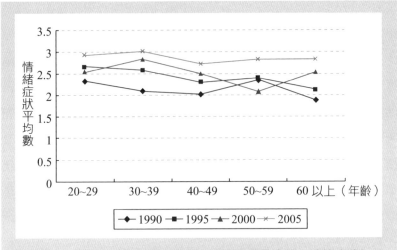

圖2-1　不同年齡層台灣民眾之心理健康趨勢表現（情緒症狀）

資料來源：吳齊殷（2007）

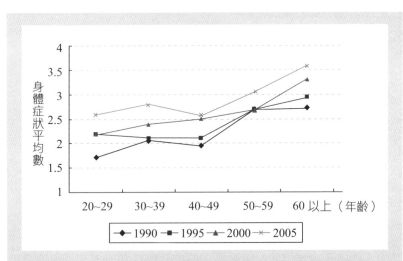

圖2-2　不同年齡層台灣民眾之心理健康趨勢表現（身體症狀）

資料來源：吳齊殷（2007）

我們清楚的看到台灣民眾在不同的生涯階段中，心理健康上的情形。此外，亦可據以推估台灣不同年齡層居民，於社會變遷中所必須承擔的社會壓力。類似的研究有：年輕時心理健康情形較佳的民眾，年老時也報告具有比較良好的心理健康（Jones & Meredith, 2000）。不過，台灣社會變遷計畫並非長期追蹤資料庫，無法檢驗民眾健康情形之長期變化。

再以身體症狀來看，六十歲以上的長者感受到的心理健康狀況最多。這可能由於老化，或其他身體代謝或心理等因素，導致老人自覺「睡眠不好」、「手腳發麻」、「心臟不舒服」、「頭部或胸部緊緊的痛」。

吳齊殷（2007）認為這結果可能反映出：

> 時序愈往當代推移，台灣社會的一般大眾對於自己生活周遭的人、事、物等，感覺愈來愈不確定，愈來愈難掌握，因而產生愈來愈多的擔心與負向情緒反應。顯見台灣民眾習慣將生活環境變遷所生的壓力，一股腦兒的反映在其負向情緒症狀上，使得不同年齡層的台灣民眾的情緒症狀，都呈現每況愈下的趨勢。

六十歲以上長者退出職場，應當是可以從事更多休閒活動或含飴弄孫的時刻，其心理健康（包括情緒及身體症狀指標）似乎該逐年下降才是，可是以上的研究分析並非如此，這讓我們不得不關切並思考：為什麼老年人的情緒及身體症狀逐年惡化？其凶素為何？

維持老年人心理健康之四加二條件

　　老人心理健康是維持其生活品質重要的因素，譬如，身體再怎麼強壯，要是整天不快樂又有何用？林天德（2006）認為，維持老年人的心理健康很重要，至少得注意下列四要件：

一、不宜獨居

　　獨居老人至少有三種壞處：(1)因偏食而營養失調；(2)因無伴而精神渙散；(3)因意外而遭受本可避免的傷害。

二、社會支持系統不可無

　　雖然遠親不如近鄰，近鄰不如老伴，但是即使沒老伴，身邊也一定要有些朋友與知己。有個可供交心的人有諸多好處：較不易生病，就是生病了也較快康復、較不易自殺、較易參與社會性活動等等。

三、追求有趣的休閒活動

　　有些老年人說他沒有嗜好，這聽起來，是可憐但也好笑。我不相信一個年老人會沒嗜好，因從他一生中總可找出一個他曾有所愛的活動。尤其我認為，假如他能找出一個他年幼時的所愛，那麼再度啟動那活動，將使他「返老還童」，頓時年輕了幾十歲。這就如同我跟那些年輕學生互動期間，我自己都不由得感到年輕許多。

四、保持怡然自得的心態

　　薑老了更辣，人老了要更智慧。一個老人有了人生智

慧，就像車子有個避震器，即使天有不測之風雲，人有旦
夕禍福，碰到困境也會兵來將擋，水來土掩，處之泰然。
老人智慧的取得，就端看他是否滿足他的一生，或更露骨
的說，是否對自己感到驕傲了。（林天德，2006）

　　林天德根據他人對其四要件說的回應，後來又增加兩個重要條
件：一是老人要信仰上帝，二是老人要有老本。尤其是信仰上帝一
項，可說是提供老人一個精神夥伴（soul mate）或精神寄託。至於
老本，它跟身體健康一樣，也直接影響心理健康。

　　老年時期經常會出現精神疾病，玉里榮民醫院精神科主治醫師
平烈勇（2011）相信這是因為老年人的生理機能大不如前，再加上
他們又面臨種種精神壓力，諸如退休、子女離家、親友凋零、擔心
自己身體健康等問題，以致常有可能調適不良，在生理和心理的交
互作用而產生精神疾病。老年時期常見的精神疾病包括：

一、失智症

　　其生理性病因很多，常見的有大腦神經細胞退化、腦
中風、硬腦膜下腔出血、腦瘤、腦膜炎、甲狀腺功能過低
等。臨床表現的症狀為記憶力減退，嚴重的影響社交生活
或工作能力，判斷能力、抽象思考、計算能力有障礙，個
性改變，定向感喪失。

二、憂鬱症

　　常見的生理性病因有腦中風，服用抗高血壓劑、支氣

管擴張劑、類固醇劑，強迫性格、失落感等。主要的症狀表現為：情緒低落、興趣喪失、失眠、絕望、自殺、抱怨身體症狀、食慾不振、躺床不想動。譫妄，例如細菌或病毒感染，藥物或酒精的中毒，其症狀表現為注意力不集中、言行思考混亂、幻覺、定向感差等上述臨床症狀。

三、妄想症

造成的病因有配偶死亡、失業退休、社交性隔離、嚴重的內外科疾病、失明、耳聾等。常見的症狀是容易疑心、警覺性高，存在的妄想有很多種形式，最常見的是被害妄想。（平烈勇，2011）

🍁 政府或社區所提倡之增進整體心理健康方法

近年來無論是政府或民間社團等，無不注重國民整體健康問題，進行宣導並採取行動。例如第一屆國際健康研討會在加拿大舉行後，世界衛生組織發表「渥太華健康促進宣言」（Ottawa Charter for Health Promotion, WHO, 1986）。對於大眾如何促進心理健康，澳洲昆士蘭健康當局（State of Queensland, 2010）列出下列五個層面供參考：

1. 從法律經濟及財稅上立法來促進健康活動。
2. 營造健康友善環境，如居家或工作環境的安全。
3. 增進社區凝聚力及控制力。
4. 提供健康及生活技能的資訊及教育。

5. 健康服務觀念應重新定位,如:提供更多的預防方法,而非一味
   的強調治療。

　　就老人而言,雖然老化使身心健康逐漸退化的事實無法改變,
研究發現,透過人際支持、提供助聽器具給聽力不佳的老人及身體
活動強化,不失為促進心理健康的有效策略(Jane-Llopis, Hosman,
& Copeland, 2005)。這類看似簡易或微不足道的小事,常為老人身
心狀況帶來重大改善。對聽力不佳的老者之研究證實,和沒有使用
助聽器的老人相比,佩戴助聽器者在人際社會、情緒及認知功能各
方面表現皆較佳,且憂鬱症狀也較少(Mulrow, Aguilar, & Endicott,
1990)。另一方面,朋友對於每一年齡層同等重要,除了讓我們感
到提供陪伴及愉悅之外,還可以減輕日常生活孤獨感、憂鬱及壓力。
運動本身對老年人的身心助益自不待言(Lee, Lan, & Lee, 2012),
美國加州大學洛杉磯分校研究更進一步指出,那些跟朋友一起運動
的人得到運動及社交兩種益處的老人,比起單獨運動者,其身體及
認知功能加強了約兩倍的保護能力(Seeman, 2000)。

　　此外,世界衛生組織(WHO, 2004)提升心理健康摘要報告中
還提到日常大小事對老人身心健康的影響,這些因素影響老人生活
滿意度,包括飲食習慣、規律運動、對於健康知識的追求、宗教信
仰、與別人的良好關係及財務妥善規劃等(另參考 Othaganont, Sin-
thuvorakan, & Jensupakarn, 2002)。

　　衛生署(2009)針對維護全國老人心理健康方面,也擬定一些
策略因應:

1. 整合現有服務體系,建立網網相連防治網路。

2. 建立機構及體系內老人自殺防治標準模式。

3. 增進照護者與守門人的動機與專業知能。

4. 營造有利的防治氛圍，促進老人心理健康。

5. 強化資訊蒐集、方案評估與研究；建立夥伴關係。

6. 降低老人自殺死亡率。

　　由於中國傳統文化對大家庭及子女奉養的觀念，居住在安養養護及照顧機構的長輩雖似乎有增加趨勢，卻仍屬少數。對於這些長輩，謝佳容、蕭□伶與劉淑娟（2007）認為，我們要協助老年人居住在機構過程，能擁有良好的心理健康和情緒調適能力。她們列舉五項最重要的策略原則，應可兼為照護機構及社區協會人員之參考，包括：

1. **創造心理健康之環境**：老人繼續擁有控制感和選擇權，讓老人參與機構內更多作息或活動育樂的權利是重要的。多份研究一致強調，老人若自覺能控制自己生活有益其健康、增進老人活力、降低其死亡率（Rodin, 1986; Waller & Bates, 1992），所以照護管理者應在可能的範圍內，盡量納入增進老人選擇權和控制感的措施及方案。

2. **強化機構中老人因應壓力的技巧：**

　　　當老人採取「以問題為導向」的因應時，老人照護者應協助老人對問題以主動或直接的方式進行分析，並協同探討問題和提供解決問題的資源。當老人是用「情緒為導向」的因應時，則給予心理支持，並致力於降低環境中的

壓力源。（謝佳容等人，2007）

3. 促使健康潛能的發揮，主動關懷並適時提供介入：

當面對生活上的壓力時，可透過學習，將其轉化為成長潛能產生人格韌性。這樣可使老年人將來面對失意或壓力，能擁有成功主宰自己的能力與自尊。照護管理人員應用心傾聽、真正關心老人的福祉，並不忘維護其尊嚴。（謝佳容等人，2007）

4. 透過機構活動設計與安排，達到機構居住老者成功老化的生命經驗：

在機構老人所接受的是團體式的照顧，當他們在適應環境時，透過活動的參與，可以協助其拓展社會支持網絡，增加滿意度，增進身心健康。（謝佳容等人，2007）

5. 減少對機構老人的偏見：機構也可以提供適當協助，使老人心理上能適應內外在環境。

正向感受比負向感受者可多活 7.5 歲，老年人若具有正向的感受，有助於改善記憶和維持身心健康，且一般人對老人持正向的看法和態度，有助於提升其心理健康。（Levy, Slade, Kunkel, & Kasl, 2002；引自謝佳容等人，2007）

個人促進老人心理健康的方式

老人由於易脆弱性、適應資源少和較少使用心理衛生服務，當他們因為生理或社會經濟因素產生心理問題時，可能會形成更多壓力（謝佳容、劉淑娟、張玨，2003）。對老人心理健康有助益的方法或活動，研究上常被提到的有多種，包括：

一、按摩

「親密按摩」的介入可立即減輕機構老人的憂鬱及焦慮程度（許金霞、楊明磊，2010），尤其當照護機構遇到老人因憂鬱或焦慮而拒絕合作或難以安撫時，或老人處於突發的憂鬱或焦慮情緒時，若專業醫療人員不在現場，此一簡單的照護方式仍可由親屬親自操作，便於提供即時緩解之處理，以降低機構老人之憂鬱及焦慮。

二、光線治療

光線治療為一簡單且有效的另類輔助措施，護理人員可輕易學習並運用在老人照護，以改善其睡眠及情緒問題，亦可減輕照顧者的壓力及負荷，進而促進老人的身心健康及生活品質（吳曼阡、宋惠娟，2010）。吳曼阡與宋惠娟（2010）提出光線治療執行方式如下：(1)讓患者坐在光線儀前面；(2)維持此光線儀運用特殊波長、強度和光譜約 2,000 至 10,000 勒克斯（lux）的光線，讓屋內光線類似戶外光線；(3)讓光線藉由人體眼部接收；(4)使光線治療能調整腦部松果腺分泌褪黑激素的時間，進而調整晝夜節律的生理時鐘，並達到晝夜節律的平衡（Skjerve, Bjorvatn, & Holsten, 2004）。光線治療對於老人憂鬱症狀（Tsai, Wong, Juang, & Tsai, 2004）、情緒問題

（Lam, 1998），甚至對於失智症患者的睡眠（Fetveit & Bjorvatn, 2005）均具有正向的效果。

三、參與志工

　　老人參與志工服務對於其本身的身體及心理都有相當的助益，且對於社會有很大的貢獻。我們可能觀察到台灣老人平日最常以看電視來打發時間。美國研究指出，老人醒著的時間大約有一半到四分之三用來看電視，這樣容易造成社會疏離（Senior Corps, 2012）。如果老人能參與志工與他人互動，並學習進行簡單的新任務、為他人服務，不僅自己更有成就與滿足感，也能交到新朋友擴大社交範圍。

　　近年來在政府與民間心理及社福團體的宣導和支持之下，台灣老人參與各類志工服務的情形日益普遍。行政院主計處（2000）在一份志願服務調查中呈現志願服務參與率與年齡的關係，其中四十五到五十四歲人口之志工參與率最高，其次依序為三十五到四十四歲、五十五到六十四歲、二十五到三十四歲、六十五歲以上及十五到二十四歲。這份調查說明了近年來老人逐漸參與志工的趨勢，亦使老人志工成為台灣志工的主力。就志願服務投入的平均時數分析，六十五歲以上人口持續投入志願服務的比重最高，達到43%，平均每週投入時間亦是所有年齡組中最高的一組，達到6.39小時。可喜可賀的是，林宗義（1995）認為台灣地區80%以上的老人健康情形不錯，擔任志工活動可以利己利人，對於老年人社會福利會有一定的幫助。沙依仁（2005）相信無論老人的背景為何都能從中獲益，像是經濟能力佳的高齡者可以多從事休閒娛樂做為生涯規劃主軸，

逍遙過日子，或利用閒暇做志工對社會有所貢獻。有能力的老人當然可以擔當志工繼續貢獻社會或從事有酬工作；而退休金不夠維持生活者，則可藉著教育訓練另謀部分工作時間，滿足經濟上的需求。呂朝賢與鄭清霞（2005）將 Verba 等人的「參與政治活動」改為「參與志願服務」並分析其三種限制因素：意願、能力與機會，發現若個人上述三項資源／傾向愈強者，愈會參與志願服務。如果依照意願、能力和機會三個面向來加強老人志工的投入，相信會使國內志工服務更加蓬勃，同時也增添老者之豐富生活，維持台灣更高的老人健康人口。

老人參與志工服務的好處甚多，李瑞金（2010）整理如下：

1. 提升個人自我價值感，對自己有更正面的評價。
2. 增進個人之社會網絡。
3. 擴展個人之人際互動機會。
4. 增長個人社會認知。
5. 增強個人休閒生活促進身心健康。
6. 增加自我社會角色的肯定。
7. 增進家庭的和諧與改善社會老人問題。

四、運動

美國心臟學會（American Heart Association, 2011）為了慶祝五週年「開始快步走日」（Start Walking Day）活動，建置一套系統使民眾能夠方便地透過電腦或手機系統尋找住家附近的健走路徑。其目標為改善全美民眾的心血管健康狀況，計畫在 2020 年時將心血管疾病及腦中風死亡率降低 20%。美國心臟學會強調，只要每天快步

走路三十分鐘就能達到降低心血管疾病的功效。他們幫助人們找到更多增加體力活動的方法，使人們藉此發生改變，建立健康的生活方式。快步走帶來的身心益處包括（American Heart Association, 2011）：

1. 降低冠狀動脈心血管疾病的危險。

2. 改善血壓血糖值。

3. 降低血脂值。

4. 保持適當體重值。

5. 強化心理（智）功能狀況。

6. 降低骨質疏鬆症危險。

7. 降低乳癌、結腸癌機率。

8. 降低糖尿病機率。

　　由以上可知，輕快走路對於身心狀況皆有助益。有健康疑慮的長輩也應當先與醫師諮詢較恰當。值得一提的是，運動時最好身邊有朋友，可增加運動的意願（American Heart Association, 2011），彼此也好有個照應。那些跟朋友運動的人，比起單獨運動者，其身體及認知功能加強了約兩倍的保護能力（Seeman, 2000）。

🍁 Ryff 心理健康的六個指標

　　過去心理學之研究取向多從負向、病理的角度來了解人類的心理活動，人類正向心理功能相形之下則甚少被提及（Ryff, 1989）。美國賓州大學大力發展正向心理學，設有正向心理學中心，並在網站上提供重要的正向心理學評量表供各界使用。在此特別介紹由美

國威斯康辛大學教授 Ryff 所編寫的《心理幸福感量表》（正向心理之一種評量工具）。她將個人的心理幸福（快樂）的這種概念編寫成李克特氏六點量尺（6-point Likert scale）的心理幸福感評量表。量表包括六個向度：自我接受、正向人際關係、自主性、環境主控性、生命的目的，與個人成長（Ryff, 1989）。近年來這個《心理幸福感量表》陸續被世界各地學術界人士應用於成年人及老年人，如在西班牙（Van Dierendonck, Díaz, Rodríguez-Carvajal, Blanco, & Moreno-Jiménez, 2008）、香港（Cheng & Chan, 2005）及台灣（陳金定，2007）。此量表提供心理老化領域新的視野。也就是說，我們看一個人是否心理感覺到幸福，可由這六個面向加以考量，或許，這比他是否在年齡上的衰老或身體上出現的疾病要來得重要。因為我們看很多人不也罹患重病卻又生活得很快樂？這個觀點也正是健康心理學所一再強調的。

此量表研究上曾被用以評量青年、中年及老年人等年齡層人士。該評量表（Ryff, 1989）被文獻引用之次數在 2011 年 3 月 25 日及 2012 年 7 月 9 日經 google 搜尋結果，分別有 1,946 和 2,771 次之多，可見其受到重視之程度。由於此量表在學界普遍被使用，如果能關懷到老人的這六個面向，或許不失為照顧老人心理健康的可行方式之一。以下為該量表中六個向度之簡述。

一、自我接受

是指對現在及以前的我接受的程度，Ryff 認為這是一個經常被提到的心理健康、自我實現以及個人內在成熟的重要因素。一個高自我接受者，比較能認識及接受多方面的自己；一個能自我接受多

方面自我及自己過去的人，其心理健康指標是高的。

二、正向人際關係

與他人維持正向的關係是重要的。一個高度成熟及有幸福感的人，通常比較能展現出愛及關心別人的情懷。

三、自主性

獨立自主的做決定也是重要的。獨立自主的人通常有內在衡量事情的尺度，也較不受世俗的牽絆（如一般大家害怕的世俗規定，他們不會跟著害怕、有自己的看法），而能充分感到內在的自由。

四、環境主控性

個人有能力去選擇並創造一個適合自己生活的環境，這對於心理健康是重要的。所以，這因素也被認為可以增進心理幸福感。這種選擇或創造（掌握）外在環境指的是參與（體力上的或心理的支持）外界的活動。國內學者沙依仁（1996）認為，有些容易使老人呈現憂鬱或悲傷的因素，可能與日常生活及環境有關。例如環境中充滿友善的鄰居，當然會使人覺得身心愉悅，讓老人覺得有安全感而心中較少壓力。

五、生命的目的

相信生命有其目的及意義，這對於心理健康是重要的。生命的不同階段有其不同的目的，譬如人生晚期仍須有創造力、創意或者獲得情緒的良好統整，如此生命才有其方向及意義。

六、個人成長

　　心理的最佳狀態應該是要發揮個人的潛在能力，不斷的追求成長。所以，Ryff 認為開放自我去獲得經驗，並且面對不同階段的挑戰以達到自我實現，就是一種自我的成長，也是心理健康者會表現出的行為。

🍁 快樂生活的策略

　　張茂源與吳金香（2009）在一篇名為〈您幸福嗎？──淺談幸福感〉專文中，針對年輕學子提出增進幸福感之六項策略。其中四項（共六項）與高齡者較相關，列舉如下：

一、增加人們的快樂經驗與生活意義

　　快樂是開創幸福的泉源與通往美好生活之路，快樂經驗愈多的人，主觀幸福感愈高，正向生活滿意亦愈高。

二、從正向層面探討個體的主觀幸福感經驗

　　人生需要目標，人的生活需要理想，追求理想的歷程中，如果學會運用建設性的方法適應挫折，則每次挫折的經驗都可能是再一次成長的機會。所以，他們建議培養樂觀、積極、進取的生命價值觀。

三、鼓勵從事休閒活動

　　對於忙碌的現代人，唯有注重休閒生活的參與，積極投入休閒活動，親近自然、開闊視野，增進社會連結與建構個人資源，才能

順應即將來臨的生涯休閒時代，提升幸福感。

四、建立良好的人際關係

　　人際關係對於個體的人格發展與社會適應，有著相當重要的影響，人際關係愈趨向於成熟，愈有正向情意表現。唯有建立良好的人際關係，提升對人的關懷，對於幸福感的增進定能有所助益。

　　俗話說「人生不如意事，十常八九」，生活中難免會遇到一些不如意的事情，凡事往正面去思考，比較可以讓自己生活好過些。2010 年內政部舉辦的金齡超偶大賽，七十二歲的參賽者林連宗長輩建議大家，「每天幫自己找一個微笑的理由」。認知行為學派（心理治療）也主張，想法上的正面改變可以導致比較正向的情緒。無論是長輩的智慧，抑或是學術上的驗證，均說明了正向思考的好處。生活好壞都得過，何不開心的過？

參考文獻

中文部分

平烈勇（2011）。**心靈園地：老年時期常見的精神疾病**。2011 年 8 月 12
　　日，取自 http://www.psychpark.org/psy/geriatri.asp

行政院主計處（2000）。**1999 年台灣地區社會發展趨勢調查暨社會參與延
　　伸調查報告**。台北市：作者。

吳曼阡、宋惠娟（2010）。光線治療在老人照護的運用。**志為護理：慈濟
　　護理雜誌，9**（3），63-70。

吳齊殷（2007）。**不同年齡層台灣民眾之心理健康趨勢表現（情緒症
　　狀）**。2011 年 3 月 31 日，取自 http://www.ios.sinica.edu.tw/TSCpedia/
　　index.php/

呂朝賢、鄭清霞（2005）。中老年人參與志願服務的影響因素分析。**台大
　　社會工作學刊，12**，1-49。

李百麟（2009）。高齡者之生活滿意度與成功老化各因素關係之探討。**危
　　機管理，6**（2），25-38。

李瑞金（2010）。活力老化：銀髮族的社會參與。**社區發展季刊，132**，
　　123-132。

沙依仁（1996）。**高齡學**。台北市：五南。

沙依仁（2005）。高齡社會的影響、問題及政策。**社區發展季刊，110**，
　　56-67。

林天德（2006）。**漫談老年人心理健康**。2011 年 3 月 26 日，取自 http://
　　www.ebtacsc.org/health11.htm

林宗義（1995）。台灣老人的處境與希望：二十一世紀都市的主要課題。
　　老人學學術年鑑，441-449。

張茂源、吳金香（2009）。您幸福嗎？——淺談幸福感。**教育與發展，26**
　　（3），87-90。

許金霞、楊明磊（2010）。以親密按摩改善照護機構老人憂鬱及焦慮情緒
　　成效研究：以單一受試者設計為例。**護理暨健康照護研究，6**（1），

54-64。

陳金定（2007）。完形治療理論之驗證：接觸干擾、未完成事件與心理幸福感因果模式考驗。**教育心理學報，39**（1），45-68。

楊瑪利（2003）。365 種方法發現幸福。**天下雜誌，266**，130-158。

衛生署（2009）。**老人健康促進計畫**。2012 年 10 月 10 日，取自 http://www.bhp.doh.gov.tw/bhpnet/portal/file/ThemeDocFile/200908250420132740/980327%E8%80%81%E4%BA%BA%E8%A8%88%E7%95%AB(%E6%A0%B8%E5%AE%9A%E7%89%88).pdf

謝佳容、劉淑娟、張玨（2003）。從 WHO 心理衛生報告──探討台灣社區老人的心理衛生問題和政策。**護理雜誌，50**（3），56-61。

謝佳容、蕭□伶、劉淑娟（2007）。老年住民在長期照護機構中的心理健康促進與情緒調適。**長期照護雜誌，11**（2），132-140。

英文部分

American Heart Association (2011). *The benefits of walking: Walking toward a healthier you.* Retrieved from http://www.startwalkingnow.org/whystart_benefits_walking.jsp

Cheng, S. K., & Chan, A. C. M. (2005). Measuring psychological well-being in the Chinese. *Personality and Individual Differences, 38,* 1307-1316.

Fetveit, A., & Bjorvatn, B. (2005). Bright-light treatment reduces actigraphic-measured daytime sleep in nursing home patients with dementia. *American Journal of Geriatric Psychiatry, 13*(5), 420-423.

Jane-Llopis, E., Hosman, C., & Copeland, J. (2005). *Aging mentally healthy and the prevention of dementia.* In C. Hosman, E. Jane-Llopis, & S. Saxena (Eds.), *Prevention of mental disorders: An overview on evidence-based strategies and programs.* Oxford, UK: Oxford University Press.

Jones, C. J., & Meredith, W. (2000). Developmental paths of psychological health from early adolescence to later adulthood. *Psychology and Aging, 15*(2), 351-360.

Koening, H. G., George, L. K., & Schneider, R. (1994). Mental health care for older adults in the year 2020: A dangerous and avoided topic. *Gerontologist, 34*, 674-679.

Lam, R. W. (1998). *Seasonal affective disorder and beyond: Light treatment for SAD and Non-SAD conditions.* Washington, DC: American Psychiatric Press.

Lee, P. L., Lan, W., & Lee, C. -L. C. (2012). Physical activity related to depression and predicted mortality risk: Results from Americans' changing lives study. *Educational Gerontology, 38*(10), 1-13.

Levy, B. R., Slade, M. D., Kunkel, S. R., & Kasl, S. V. (2002). Longevity Increased by positive self-perceptions of aging. *Journal of Personality and Social Psychology, 83*(2), 261-270.

Mulrow, C., Aguilar, C., & Endicott, J. E. (1990). Association between hearing impairment and the quality of life of elderly individuals. *Journal of the American Geriatric Society, 38*(1), 45-50.

Othaganont, P., Sinthuvorakan, C., & Jensupakarn, P. (2002). Daily living practice of the life-satisfied Thai elderly. *Journal of Transcultural Nursing, 13*, 24-29.

Rodin, J. (1986). Aging and health: Effects on the sense of control. *Science, 233*, 1272-1276.

Ryff, C. D. (1989). Happiness is everything, or is it? Explorations on the meaning of psychological wellbeing. *Journal of Personality and Social Psychology, 57*, 1069-1081.

Seeman, T. (2000). *Successful aging: Fact or fiction?* Paper presented at the University of California, Los Angeles Center on Aging Event, Fall Community Meeting, Los Angeles, CA.

Senior Corps (2012). *12 great reasons to become a senior volunteer.* Retrieved September 10, 2012, from http://www.seniorcorps.org/

Skjerve, A., Bjorvatn, B., & Holsten, F. (2004). Light therapy for behavioral and psychological symptoms of dementia. *International Journal of Geriatric Psychiatry, 19*, 516-522.

State of Queensland (2010). *Ottana chapter.* Retrieved August 6, 2011, from http://www.health.qld.gov.au/chipp/what_is/ottawa.asp

Swindle, R. Jr., Heller, K., Pescosolido, B., & Kikuzawa, S. (2000). Responses to nervous breakdowns in America over a 40-year period: Mental health policy implications. *American Psychologist, 55*(7), 740-749.

Tsai, Y. F., Wong, T. K. S., Juang, Y. Y., & Tsai, H. H. (2004). The effect of light therapy on depressed elders. *International Journal of Geriatric Psychiatry, 19*, 545-548.

Van Dierendonck, D., Díaz, D., Rodríguez-Carvajal, R., Blanco, A., & Moreno-Jiménez, B. (2008). Ryff's six-factor model of psychological well-being: A Spanish exploration. *Social Indicators Research, 87*(3), 473-479.

Waller, K. V., & Bates, R. C. (1992). Health locus of control and self-efficacy beliefs in a healthy elderly sample. *American Journal of Health Promotion, 6*, 302-309.

WHO (1986). *Ottawa charter of health promotion.* World Health Organization: Geneva.

WHO (2004). *Summary report: Promoting mental health.* World Health Organization: Geneva.

第三講

快樂生活：
成功老化

成功老化概念包括了身體的健康、心理的健康及社會人際網絡的充分支持。成功老化取決於個體擁有足夠的物質和非物質資源，以支持個體營造有意義的生活型態。

　　美國前總統老布希今天別有風格地慶祝八十五歲生日……從 3,200 公尺高空上進行雙人跳傘，並矢言九十歲生日再跳一次。

　　1989 年到 1993 年擔任美國總統的老布希，逾半世紀前首次跳傘。老布希在二次世界大戰期間為戰鬥機飛行員，他的座機在太平洋上空受到重創，不得不跳傘逃生。老布希今天在妻子芭芭拉、前總統小布希，以及前佛羅里達州州長傑布·布希（Jeb Bush）等兩個兒子的注視下，與美國陸軍跳傘隊隊員一起在緬因州肯尼邦克港（Kenne-bunkport）上空乘風飛翔。

　　老布希說，希望他這種極限慶生方式能鼓舞其他高齡人士。他告訴美國「有線電視新聞網」（CNN）：「只是你老了，不表示你不能做有趣的活動。你也不想光坐在角落發呆。」他補充說：「獲得釋放很正點。」（蔡佳敏譯，2009）

　有關這位美國前總統的「驚人之舉」，TVBS 電視台也做了一些報導（摘要節錄自 TVBS，2009）：

　　老布希在專業人員的陪伴下往機外跳……順利完成心願，老布希跟陪伴的技術人員握手擁抱，老婆芭芭拉也上前迎接。

　　老布希妻子芭芭拉：「我的英雄在哪裡啊！」

　　記者：「芭芭拉，您想不想嘗試？」

芭芭拉：「絕不！」

　　完成自己送給自己的禮物，老布希說雖然跳得很吃力，但是真的很快樂。

　　內政部與財團法人天主教失智老人社會福利基金會及財團法人台北富邦公益慈善基金會，曾於 2010 年舉辦了第一屆全國性的「金齡超級偶像選拔大賽」，其活動主旨為：表達對全國長者的關懷並提倡社會敬老、尊老、愛老之精神，鼓勵老人充實精神生活，積極參與社會。該活動當年九十三歲的「京劇天后」戴志蘭（藝名戴綺霞）以「霸王別姬」驚豔全場，獲得第一名。她展現了和老布希同樣的生命熱力，說道：「活到一百歲，我也要粉墨登場！」該活動最年長參與者九十九歲的趙慕鶴老先生，不僅在 2009 年取得哲學碩士學位，更以獨門絕學「鳥蟲體書法」拿下這次活動的亞軍。另一位九十四歲參與長輩鄧有才先生，每天仍固定做三十分鐘體操，有空就約好友跳山地舞，比賽時他穿上原住民服飾與家族成員勁歌熱舞（羅印□、鄭語謙，2010）。

　　老年人人口日漸增多，老化與健康的議題也受到更多重視。上述報導內政部舉辦之金齡超偶大賽或算是一種政府對此現象之回應。這種比賽除了展現社會關懷長者之意義外，也鼓勵老人積極與社會互動，讓生活更充實也為老年人帶來更多歡樂。

　　老年人因為身體的健康情形不如年輕力壯時，而經濟能力又因為退休而降低，對於一些生活興趣、嗜好，常受限於體力，也不如年輕時方便，因此，有些老人會覺得人生無趣，產生不如歸去的感嘆。研究發現，如果有好的社會支持，這種情形就可以改善許多。

例如 Montross 等人（2006）在 205 位六十歲以上老人的研究中，發現高達 92%的高齡參與者自評自己為成功老化者，即使他們之中不乏多位身體罹患疾病或不良於行者。他們認為，退休後有幾位好朋友可以聊天、談心事是人生一大樂事。

成功老化概念

1960 年代 Harvinghurst 首先提出成功老化（successful aging）的概念，定義「增壽」（adding life to the years）就是成功老化（Martini, Garrett, Lindquist, & Isham, 2007）。此後多方學者均提出個人的看法與定義，不過至今對成功老化之定義並未達成共識（Lee, Lan, & Yen, 2011）。譬如 Baltes 與 Baltes（1990）認為成功老化是一種對於生活不便利、做出有效策略上的應用以及對於自己生活能夠掌控、適應，及自我價值提升的感覺。他們使用變異與彈性的概念，將老化的成功與否定義為一種心理適應良好的過程，其中包含三個元素：選擇、最適化以及補償，簡稱 SOC 模式。Fisher（1992）支持這種心理上滿足的說法，她的研究訪談了 19 位六十二到八十五歲的長輩，結果認為成功老化就是能夠使用有效策略來應付生活的困擾事件。Ouwehand、Ridder 與 Bensing（2007）認為這種心理建構上的成功老化範圍狹隘，因為它只提及如何彌補我們的缺憾，並未論及如何積極的進行事前預防。另一個相關研究調查 324 位瑞士老人，他們認為成功老化應該是能夠多參與一些活動，如參與文化活動、個人成長、從事戶外身體活動、休閒、與朋友社交，以及參與一些團體組織活動（Silverstein, 2002）。也有人提出，從生理上的

觀點來看，成功老化是長壽與遠離疾病（詳見 Lupien & Wan, 2004）。Rowe 與 Kahn（1987, 1997）於是整理多種論點，提出其對成功老化的整合性看法。他們把成功老化定義為具有能力維持以下三個關鍵的行為或特性：(1)疾病或失能的低風險；(2)心智與身體的高功能；(3)對老年生活的積極承諾，並主張當三者交集俱皆達成時，即為最成功的老化狀況。這種身體、心理與社會的整合觀點就是老人學者常提到的「身心社會模式」（Bio-Psycho-Social model）。美國南加州大學老人學院文獻提到，該模式常用來檢驗老人的問題及設計老人健康的課程（Age Works-USC, 2012），在這個老人學模式裡面，老人可以在此三個面向上促進自己的健康。譬如身體的面向就是盡量多運動、注意營養、避免疾病的發生；心理方面則包括預防失智症、正向態度調適自己情緒、參加一些學習課程、持續保有宗教信仰；社會因素則是持續與社區互動、擔任志工及持續與家人朋友保有互動。

　　成功老化的內涵，在國內亦引起諸多論述。徐慧娟與張明正（2004）認為被廣泛討論的成功老化觀點有二：其一是 Baltes 與 Baltes（1990）的模式，另一則是 Rowe 與 Kahn（1997）的模式。黃富順（1995）強調成功老化者在生理上要注意飲食、營養均衡，並經常運動、不吸菸酗酒；在心理上要樂天知命、參與社交活動、培養對事物的好奇心、常思考、多使用腦力，並能保有對環境的控制與自主感；在情緒上要樂觀開朗、保持平靜溫和、不輕易動怒。學者林麗惠（2006）對於國內外普遍認為「成功老化」應具備的條件有詳細的討論，有興趣者可進一步參閱其論文「台灣高齡學習者成功老化之研究」。

　　國外學者 Nutt（2001）研究結果指出，成功老化取決於個體擁有足夠的物質和非物質資源，以支持個體營造有意義的生活型態，而且成功老化與主觀幸福感有關。根據Elliott（1997）所做的研究，成功老化的三個影響因素，包括對上帝的信仰、追求獨立自主的驅動力、喜歡與他人互動等。

　　另一概念相似的名詞——「活躍老化」，被認為是一種提升老人健康參與社會事務活動及擁有身心安全的過程，經此過程以達到老化生活之品質。透過此概念，我們可了解身體與心理健康及人際支持在整個老化過程的重要性。此外，老人在參與社會事務的同時，也應得到足夠之安全保護及照顧（United Nations University, 2011）。這裡所謂的參與社會事務，廣泛的指民政、文化、教育，甚至義務工作等的參與都算。雖然活躍老化是較新之名詞，但即使學界直到 2011 年，文獻還是有較高的比例使用「成功老化」之名詞，兩者之意義重疊性很高。下文所述，不再刻意的強調其差別。

　成功老化楷模

　　日本東京聯合國大學（United Nations University, 2011）學校網頁上寫著：「或許對於老年人而言，最重要的方法就是保持一定程度的身體活動。老年身體之退化與身體之不動有很大關係。」健康的飲食習慣也應該留意。

　　美國加州大學洛杉磯分校著名的籃球退休教練及教育家 John Wooden（他同時曾獲得總統自由勳章），是各界公認成功老化的楷模（UCLA, 2011）。2009 年當他九十八歲時，接受該校心理系教授

Castel（2009）個別晤談其成功老化生活。Castel 說 Wooden 教練是一位有幽默感的人，同時他持續與外界高度互動，有樂觀積極的個性，而且還時常鍛鍊腦力，譬如他至今仍不斷的背誦新詩，甚至還創作兒童繪本。又如，他經常到球賽現場觀看最喜歡的運動比賽——UCLA 大學籃球賽，經常與家人或訪客聊天等。他的身體功能當然是退化了，於是，他使用一些策略來彌補，例如因為聽力退化，他在答錄機上留言請來電者「說大聲一點，說慢一點」；又如，若是要記住一些事情，他就「複誦幾遍，並且在忘記前寫下來」；當他試圖記下詩句，就會多寫幾次，並且將重要字句「具象化」（visual images）使得記憶效率更好。這篇有趣的訪問內容刊登於心理科學期刊 *Observer*（Castel, 2009），有興趣的讀者可以進一步參閱，從這位有智慧的 Wooden 教練現身說法中，了解許多成功老化的內涵。

🍁 成功老化相關文獻

　　Erikson 提出的八個人生發展階段中的最後階段，是高齡者的統整與失望。即那些能統整生命而覺得人生快樂滿足且生活有意義的高齡者，將能良好的度過老年危機，否則將失望的度過餘生（李百麟，2009）。由於國人壽命日漸延長，很多屆齡退休的「老人」身體狀況還很健朗，對於社會事務之參與及人際互動還是很有能力；更別說還可增加其生活滿意度，以及讓自己的生活過得更有意義。英國的最近一篇大型研究也證實，生活滿意度與老年人及年輕人的身體健康、心理健康與社會支持有關（Bowling, 2011）。Bowling 研究中的老人提到他們需要有訪客，除了減輕寂寞，還可訪視自己是

否身體狀況正常。所以 Bowling 呼籲社會引導老人參與活動及多關懷、支持老人。這種社會支持除了心理上的撫慰之外，實務上還可以有效減少老人受到虐待的機會。尤其對於患有憂鬱症之老人預防虐待的效果更大（Dong, Beck, & Simon, 2010）。

以下繼續討論老年人主觀上的生活滿意度與其相關因素間的關係，如社會因素、身體健康、心理健康、人際關係、經濟滿意度和休閒活動。

李百麟（2009）根據中央研究院長期追蹤調查2005年份資料庫中，台灣246位六十五歲以上高齡者資料進行統計分析，探討高齡者生活滿意度及各成功老化因素間之關係。以下為其主要發現：

1. 生活滿意度與成功老化變項，如身體健康、心理健康、人際關係、休閒活動和經濟滿意度等有顯著正相關，同時各變項間彼此也有相當程度的關聯。此結果意味著成功老化的評估，尤其針對身體功能已經步入衰退期的老人來說是多個面向，且須同時考量其交互作用的複雜過程。

2. 不同性別、年齡及生活滿意度（分成高、中、低三組），各組間在整體成功老化因素之平均數存有顯著差異。例如在性別上，男性老者對成功老化滿意度高於女性，男性高齡者在除經濟滿意度外，平均數均顯著高於女性。又如在年齡上，七十到七十九歲組高齡者在「休閒活動」得分之平均數高於八十歲以上組；而八十歲以上組則在「心理健康」項下高於七十到七十九歲組。教育程度也是一個重要的差異變項，在「休閒活動」及「經濟滿意度」層面，教育程度高者（國中）大於教育程度中等者（小學）及教

育程度低者（不識字或自修）。

在性別差異上，前述提及男性高齡者在成功老化各層面（經濟滿意度除外）平均數均顯著高於女性。既然男性成功老化得分平均數較高，男性長壽者的比例也應該相當才對，但在實際社會中之男性平均壽命卻一直比女性低。美國匹茲堡醫學院教授 Zubenko、Hughes、Zubenko 與 Maher（2007）針對此矛盾現象進行研究，並提出他們的看法。他們指出，個人遺傳基因與生活型態兩項變數是人類壽命無法大幅提升之主因。譬如某些基因造成兩性不同之疾病，影響了他們的存活機率。在環境因子上，抽菸及酗酒兩種危險因子對人類壽命形成巨大威脅，而這常會有性別差異，台灣社會中男性嗜好菸酒情形確實較女性為高。不良健康生活習慣造成了男女壽命差別原因之一。

在身體健康方面，Rowe 與 Kahn（1997）認為伴隨著年歲的增長，身體功能會慢慢退化，所以預防疾病產生、保持健康身體，可以持續讓自己過獨立生活的能力，特別為老年人所重視。也就是說，健康身體為成功老化重要指標之一。Bowling 與 Dieppe（2005）對於英國高齡者的研究發現為：高齡者在成功老化的各因素中，最常提到的要件是身體健康，其次為心理健康、社會活動、財務無缺、人際關係及好鄰居。他們還提到如果只講身體健康的話，那真正成功老化的人只有 20%而已，但實際老人中應該有一半的人可以歸類為成功老化。所以，強調老人身體健康之外，應該也還要強調其他方面的重要性。

Cluett 與 Melzer（2009）主張，了解老化相關的疾病是成功老

化研究中重要的一環，尤其是基因的變異與老化相關的疾病之間的關係更是不容忽視。其他環境因素諸如：健康的生活習慣、社會問題及環境所遭受到的毒物汙染等，也都與老化關聯之疾病息息相關。

　　生理之外，成功老化第二要探討的內涵應為心理。李百麟（2009）認為，心理健康因素之於生活滿意度也是相當重要的指標，衡諸心理相關課程在台灣高齡研究學府之課程安排中占一定比例，也可看出其受到相當之重視。此研究也發現高齡者群中，年齡愈大似乎也愈快樂的有趣現象。顯示高齡者之智慧值得吾人尊敬與學習，未來希望有更多人投入人瑞級老者的成功老化研究。此外，Reichstadt、Depp、Palinkas、Folsom 與 Jeste（2007）在核心團體討論（focus group）中，詢問 72 位美國加州老人社區六十到九十九歲老人有關他們成功老化議題時最受重視的項目，「心理因素」是他們的第一選項，因素包括：「適應環境變化」、對「人事抱持正向態度」，及「有目的的生活」。另一份為期五年針對 601 位八十歲以上的澳洲男性高齡者長期追蹤調查研究發現，心理健康者與個人身體的運動習慣呈正向關係，也就是那些較常運動者較少出現憂鬱症徵狀（Almeida, Norman, Hankey, Jamrozik, & Flicker, 2006）。同時，年齡愈高者愈能調節自己情緒，保持心理健康。

　　成功老化的第三要件是人際關係，它對於老人生活滿意度十分重要。王以仁（2007）將人際關係定義為：「人與人之間相互往來而彼此影響的一種互動過程，屬於會變化的動態狀況，包括親子關係、手足關係、夫妻關係、師生關係、同儕關係、同事關係、勞資關係以及兩性關係等。」人與人之間的關係環繞我們每日生活，如同 Montross 等人（2006）所言，不少老人認為其實成功老化很單純

——就是有幾個好朋友在一起、參加一些活動、讀一些好書及聽聽音樂罷了。顯示人際關係在自評成功老化中占一席之地。

除前述三項之外，在李百麟（2009）研究結果中亦發現經濟滿意度為預測台灣老人生活滿意度的重要因素，此結果與其他研究結果符合（徐慧娟、張明正，2004；Charbonneau-Lyons, 2002）。但是在Bowling（2011）的論文指出，經濟狀況僅影響老人的生活滿意度到一定程度，當該狀況改善後，它就對生活滿意度沒有顯著的影響力了。

由於老人相關研究方興未艾，有關高齡者之休閒活動在成功老化議題的探討上仍屬少數，Lee 等人（2011）認為休閒活動也應列為提高高齡者生活滿意度之重要因子。希望未來見到更多有關成功老化與休閒活動之調查分析。Lee 等人以成功老化三因子（Rowe & Kahn, 1987, 1997）：身體、心理健康及人際之外，加入第四因子：休閒活動，作為成功老化四因子之新模式，如圖 3-1 所示。

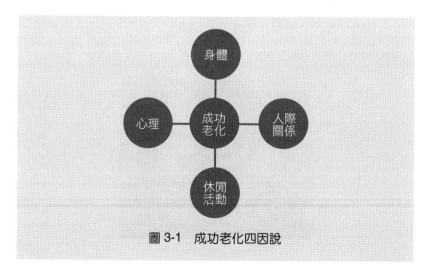

圖 3-1　成功老化四因說

長輩加油

　　成功老化概念基本上包括了身體的健康、心理的健康及社會人際網絡的充分支持。長輩們能達到三種最好（或加上休閒活動更好），有些長輩因為某些疾病纏身或有身體上的不便也請不要灰心。前述我們提到 Montross 等人（2006）的研究告訴我們，身體不便的長者也同樣可以享受或感覺到生活的樂趣。Young、Frick 與 Phelan（2009）的研究也提到如果老人們能善用心理及社會機制的話，成功老化是可以與身體上的疾病（或身體功能不便）同時存在的，因為心理上的快樂是可以超過身體上的限制的，就看我們的想法了。陶淵明不也說：「結廬在人境，而無車馬喧。問君何能爾，心遠地自偏」的話嗎？境地可以隨著我們的想法而轉變的。而社會支持如親人、朋友的慰藉也常是我們快樂的泉源，因為它可以減輕我們的寂寞，及滿足我們的依附他人需求（陳皎眉，2004）。

　　日本學者 Itoh 教授（如下圖）雖已超過七十歲，即使身體不便，仍來台灣多所學校及機構做知識交流及講學，享受工作及生活樂趣，也是成功老化的典範之一。

日本學者 Itoh 教授

　　Hill（2008）在其正向老化的專書中提到，七種策略可使老化的過程更加健康的進行，簡述如下：

1. **在老年發現生活的意義**：老化是一種自然的生命過程，但可專注其正面的部分，使自己年老時更易於發現生命的意義。譬如老年時似乎人生更富有智慧、更容易洞察生命。

2. **學習永不嫌遲**：福特汽車老闆的名言：「不管你是二十或八十歲，任何人停止學習就易老化，任何人不斷學習就會保持年輕。生命中最好的事情就是保持年輕（筆者註：不斷學習才可以保持年輕）。」此外，Hill 還提到不斷的學習也讓我們的大腦更加健康，避免記憶力退化。

3. **使過去的經驗變成智慧**：過去的經驗常常能成為有用的知識，帶領我們面對未來的人生做出較佳抉擇。

4. **強化生命階段與他人的關係**：在生命中我們與他人是連結的、互相有關係的。增加與他人的互動、關心（或被關心）、照顧（或被他人照顧）是老化過程重要的一步，因為人與人之間有互相歸屬（belonging）的需求。

5. **施與受可幫助我們成長**：藉著幫助別人，我們也幫助自己邁向更快樂、更健康的人生。然而，每個人在生命的某一時點也可能需要別人的幫助，接受別人的幫助其實也相當於肯定別人的付出，這對於付出的人是很有意義的，因為這會幫助他們獲得助人的快樂。

6. **原諒自己與別人**：在人類的歷史中，「原諒」一詞在宗教及情緒治療中常被提及，可見它的重要性。它被認為是人與人之間修復

關係、人際和諧，甚至追求快樂很重要的一個因素。

7. **懷抱感恩的心：**對於生活中保持感恩的心是我們快樂的重要因素，它幫助我們從對情境的否定到接受事實，也幫助我們從看似混亂的情境轉到心境澄清之地。

前述曾提到金齡超偶大賽，再提一位雖然未得名次，卻讓我們印象深刻的長者作為本章結尾（以下摘自羅印□，2010）：

> 彰化縣七十二歲的林連宗，一身書卷味，像個詩人。參加活動時帶來場面浩大的「三國演義卷頭詞」吟誦。手拿羽扇，穩健瀟灑地唱出「是非成敗轉頭空，青山依舊在，幾度夕陽紅」，悲壯的神情，讓全場彷彿回到三國時代，牽動觀眾的心。教師退休後的林連宗，將務農當作養身，堅持有機，不用農藥。2003 年時因從事漁業成績優良，協助漁業技術改進，獲行政院頒傑出漁民，允文允武的他，更參與王功鎮農村轉型計畫，讓漁村蛻變為熱門觀光景點。
>
> 七十二歲的林連宗老先生說，雖然這個社會總有令人不開心的事情發生，不過只要每天幫自己找到微笑的理由，到生命中的最後一天也可以「笑笑離開人生」，不會留下遺憾。選拔金齡超偶，讓我們看見人性良善的一面，也謝謝這些長輩帶給我們最有智慧的啟發。

參考文獻

中文部分

TVBS（2009）。**迎接 85 歲生日　老布希跳傘慶生**。2011 年 4 月 5 日，取自 http://www.tvbs.com.tw/news/news_list.asp? no=ghost20090613095147

王以仁（2007）。**人際關係與溝通**。台北市：心理。

李百麟（2009）。高齡者之生活滿意度與成功老化各因素關係之探討。**危機管理**，**6**（2），25-38。

林麗惠（2006）。台灣高齡學習者成功老化之研究。**人口學刊**，**33**，133-170。

徐慧娟、張明正（2004）。台灣老人成功老化與活躍老化現況：多層次分析。**台灣社會福利學刊**，**3**（2），1-36。

陳皎眉（2004）。**人際關係與人際溝通**。台北市：雙葉書廊。

黃富順（1995）。成功的老化。載於中華民國成人教育學會（主編），**成人教育辭典**。台北市：中華民國成人教育學會。

蔡佳敏（譯）（2009）。**法新社外電：八十五歲老布希跳傘慶生 矢言九十歲再跳一次**。2011 年 4 月 5 日，取自 http://tw.news.yahoo.com/article/url/d/a/090613/19/1l7bh.html

羅印□、鄭語謙（2010 年 10 月 17 日）。金齡超偶賽九十三歲京劇天后奪冠。**聯合報**。2011 年 3 月 13 日，取自 http://mag.udn.com/mag/people/storypage.jsp? f_ART_ID=277727

羅印□（2010 年 10 月 17 日）。金齡超偶／樂活學習　他們開心到老。**聯合報**。2011 年 3 月 22 日，取自 http://mag.udn.com/mag/people/storypage.jsp? f_ART_ID=277727

英文部分

Age Works-USC (2012). *The promoting successful aging: Bio-psycho-social model.* Retrievd September 8, 2012, from http://gero.usc.edu/AgeWorks/

core_courses/gero500_core/successful_lect/#bio

Almeida, O. P., Norman, P., Hankey, G., Jamrozik, K., & Flicker, L. (2006). Successful mental health aging: Results from a longitudinal study of older Australian men. *American Journal of Geriatric Psychiatry, 14*(1), 27-35.

Baltes, P. B., & Baltes, M. M. (1990). Psychological perspectives on successful aging: The model of selective optimization with compensation. In P. B. Baltes & M. M. Baltes (Eds.), *Successful aging: Perspectives from the behavioral science* (pp. 1-34). New York, NY: Cambridge University Press.

Bowling, A. (2011). Do older and younger people differ in their reported well-being? A national survey of adults in Britain. *Family Practice, 28* (2) : 145-155.

Bowling, A., & Dieppe, P. (2005). What is successful ageing and who should define it? *British Medical Journal, 331*, 1548-1551.

Castel, A. (2009). Memory and successful aging: A conversation with coach John Wooden. *Observer, 22*(2), 13-15.

Charbonneau-Lyons, D. L. (2002). Opinions of colleges students and independent-living adults regarding successful aging. *Educational Gerontology, 28*, 823-833.

Cluett, C., & Melzer, D. (2009). Human genetic variations: Beacons on the pathways to successful ageing. *Mechanisms of Ageing and Development, 130*, 553-563.

Dong, X., Beck, T., & Simon, M. A. (2010). The associations of gender, depression and elder mistreatment in a communitydwelling Chinese population: The modifying effect of social support. *Archives of Gerontology and Geriatrics, 50*, 202-208.

Elliott, E. C. (1997). *Lessons from a life: An analysis of successful aging.* Unpublished doctoral dissertation, California State University, Fullerton, CA.

Fisher, B. J. (1992). Successful aging and life satisfaction: A pilot study for conceptual clarification. *Journal of Aging Studies, 6*(2), 191-202.

Hill, R. D. (2008). *Seven strategies for positive aging.* New York, NY: W. W.

Norton & Company.

Lee, P. L., Lan, W., & Yen, T. W. (2011). Aging successfully: A four-factor model. *Educational Gerontology, 37* (3), 210-227.

Lupien, S. J., & Wan, N. (2004). Successful ageing: From cell to self. *The Royal Society, 359*, 1413-1426.

Martini, E. M., Garrett, N., Lindquist, T., & Isham, G. J. (2007). The boomers are coming: A total cost of care model of the impact of population aging on health care costs in the United States by major practice category. *Health Service Research, 42*(1), 201-218.

Montross, L. P., Depp, C., Daly, J., Reichstadt, J., Golshan, S., Moore, D., Sitzer, D., & Jeste, D. V. (2006). Correlates of self-rated successful aging among community-dwelling older adults. *American Journal of Geriatric Psychiatry, 14*(1), 43-51.

Nutt, T. E. (2001). *Bridging healthy pathways: Successful aging and psychological well-being through social networks and learning.* Unpublished doctoral dissertation, Texas A & M University, TX.

Ouwehand, C., Ridder, D. T., & Bensing, M. B. (2007). A review of successful aging models: Proposing proactive coping as an important additional strategy. *Clinical Psychology Review, 27*(8), 873-884.

Reichstadt, J., Depp, C. A., Palinkas, L. A., Folsom, D. P., & Jeste, D. V. (2007). Building blocks of successful aging: A focus group study of older adults' perceived contributors to successful aging. *Am J Geriatr Psychiatry, 15*(3), 194-201.

Rowe, J., & Kahn, R. (1987). Human aging: Usual and successful. *Science, 237* (4811), 143-149.

Rowe, J. W., & Kahn, R. L. (1997). Successful aging. *The Gerontologist, 37*(4), 433-440.

Silverstein, M. (2002). Leisure activities and quality of life among the oldest old in Sweden. *Research on Aging, 24*(5), 528-547.

UCLA (2011). *What John Wooden teaches us about aging.* Retrived March 20, 2011, from http://newsroom.ucla.edu/portal/ucla/what-john-wooden-tea-ches-us-about-84103.asp x

United Nations University (2011). *Active aging.* Retrieved March 20, 2011, from http://wisdom.unu.edu/en/active-aging/

Young, Y., Frick, K. D., & Phelan, E. A. (2009). Can successful aging and chronic illness coexist in the same individual? A multidimensional concept of successful aging. *Journal of the American Medical Directors Association, 10*(2), 87-92.

Zubenko, G. S., Hughes, H. B., Zubenko, W. N., & Maher, B. S. (2007). Genome survey for loci that influence successful aging: Results at 10-cM resolution. *American Journal of Geriatric Psychiatry, 15*(3), 184-193.

第四講

老人情緒管理
與壓力調適

面對 21 世紀的來臨，老年人的健康促進與維護成為全球重要的健康議題。老人因罹患慢性病及社會家庭角色改變等種種失落所引發憂鬱的情緒，都會造成生理及心理的影響。

　　隨著台灣老人占總人口的比率日益升高，老人的各相關議題也逐漸受到重視。然而大部分台灣地區文獻皆為探討居住於安養或長期照護機構之老人，或是居住於社區之獨居老人的身心照護。對於一般性的社區老人情緒問題，則較少被提及。本章先介紹國外一篇研究（快樂會傳染）論及快樂的重要性及「傳染力」，再論台灣地區老人之心理狀況，接著探討情緒內涵及老人情緒發展，最後介紹常被國內外文獻提及可應用於老人的情緒調適技巧，希望藉此能對於長輩們的情緒調適有多一些了解，以促進長輩們生活滿意度，快樂享受未來生活。

　　哈佛大學醫學院教授 Nicholas Christakis 及加州大學聖地牙哥分校教授 James Fowler，在著名醫學期刊《英國醫學期刊》（*British Medical Journal*, BMJ）發表的一篇論文名為〈快樂在人際網絡之傳染力〉提到，快樂像一種傳染病一樣，會將快樂的氛圍傳染給周遭的朋友，他們的意思是如果我們快樂，我們的朋友也將會感染到快樂氣息，心情自然跟著快樂起來。譬如他們的研究提到，一個快樂的朋友可以使你增加快樂的機率為 9%，你住家 1.6 公里以內的朋友將會使你的快樂機率增加 25%。倫敦大學心理學教授 Andrew Steptoe 表示：「快樂對免疫系統有保護作用，減少壓力荷爾蒙。」（聯合報，2008；Fowler & Christakis, 2008）譬如看到圖 4-1，讀者應該很難不被她們的快樂所吸引。表 4-1 則為 Fowler 與 Christakis（2008）快樂的渲染力研究結果之摘要，由該表可看出，當我們距離快樂的親朋好友愈近，我們愈容易受快樂氛圍感染而自己快樂起來。

圖 4-1　快樂會傳染

表 4-1　快樂的渲染力

影響快樂的因素	增加快樂機率（%）	減少快樂機率（%）
一個快樂的朋友	9	
一個不快樂的朋友		7
住家 1.6 公里內有快樂的朋友	25	
住家附近有快樂的兄弟姊妹	14	
快樂的隔壁鄰居	34	
快樂的 25 公尺以內的鄰居	沒影響	沒影響
快樂的同住配偶	8	
快樂的非同住配偶	沒影響	沒影響

資料來源：聯合報（2008）；Fowler 與 Christakis（2008）

　　面對 21 世紀的來臨，老年人的健康促進與維護是全球重要的健康議題（謝佳容、劉淑娟、張珏，2003）。老人因罹患慢性病及社會家庭角色改變等種種的失落所引發憂鬱的情緒，這些問題都會造成生理及心理的負向影響，常見症狀如：腸胃不適、頭痛、疲勞、困惑、易動怒、精神無法集中等（吳曼阡、宋惠娟，2010）。根據一項精神疾病盛行率調查（林立寧，2009）顯示，台灣六十五歲以上老人約有 10～12%至少有一種精神疾病。另一份台灣地區的調查顯示，老年人憂鬱症在社區的盛行率為 13～21%（Hsieh & Lai, 2005），在長期照護機構中的盛行率更高達 52.05%（Lin, Wang, Chen, & Wu, 2005）。而老年人的情緒障礙，不僅影響其生活品質及威脅生命，亦給家庭、社會帶來醫療上的負擔和衝擊，故如何因應日趨嚴重的老人心理問題極為重要（許金霞、楊明磊，2010）。

　　根據台北市政府自殺防治中心（2009）統計資料，台北市 2008年一月，65 歲以上高齡人口比例為 12%，到 2009 年六月，高齡人口數已經增加到 32 萬 5,331 人，占全台北市人口的 12.43%，而隨著老年人口不斷增加，台北市自殺防治中心也發現，愈來愈多銀髮族意圖自殺個案。自殺防治中心資料顯示，2010 年全國各年齡層每十萬人口自殺粗死亡率，以 65 歲以上的 35.8 人最高；且當各年齡層組（14 歲以下，及 15～24、25～44、45～64 歲組）自殺死亡率與前一年比較都呈現減幅，僅 65 歲以上年齡組反而增加，顯見老年人採取自殺結束生命的情形亟需用心關懷（行政院衛生署統計室，2011）。然而分析自殺原因，防治中心進一步針對 2010 年老年族群的自殺企圖者進行近因分析顯示，有 25%的自殺企圖老人是因「久病不癒」（可歸屬為身體狀況）所造成的身心困擾而採取自殺行為，

另有 23%是因「憂鬱傾向」（歸屬為心理狀況），及 18%的自殺企
圖老人是因「家人間情感因素」（歸屬為社會人際關係）而採取自
殺行為。此老人自殺原因與國內各年齡層自殺之一般原因略有不同，
各年齡層前三名依序為憂鬱傾向（21.8%），家人間情感因素
（20.1%）及感情因素（19.9%）（全國自殺防治中心，2010）。研
究也發現，老人情緒問題不但讓其心理不舒服、生活滿意度下降，
還可能對老人生命產生威脅。尤其那些被孤立及有慢性疼痛症候群
或行動不便的老人，更屬於亟需關懷者（Caine, 2010）。

　　國外情形如何？我們以美國老人自殺率統計作為參考。美國自
殺防治協會（Suicide.org）統計（如表4-2所示），自1950年到2003
年65歲以上老人的自殺率是逐漸遞減的（Suicide.org, 2011）。雖然
如此，但是該協會最新的統計資料（Suicide.org, 2013）卻也顯示美

表 4-2　美國 1950～2003 年每 10 萬人自殺率統計資料

	1950	1960	1970	1980	1990	1995	2000	2001	2002	2003
所有年齡平均	13.2	13.2	13.2	13.2	12.5	11.8	10.4	10.7	10.9	10.8
65 歲以上	30.0	24.5	20.8	17.6	20.5	17.9	15.2	15.3	15.6	14.6
65-74 歲	29.6	23.0	20.8	16.9	17.9	15.7	12.5	13.3	13.5	12.7
75-84 歲	31.1	27.9	21.2	19.1	24.9	20.6	17.6	17.4	17.7	16.4
85 歲以上	28.8	26.0	19.0	19.2	22.2	21.3	19.6	17.5	18.0	16.9
所有年齡男性平均	21.2	20.0	19.8	19.9	21.5	20.3	17.7	18.2	18.4	18.0
所有年齡女性平均	5.6	5.6	7.4	5.7	4.8	4.3	4.0	4.0	4.2	4.2

資料來源：Suicide.org（2011）

國 65 歲以上老人占約 13%的所有人口，但其自殺率卻高達所有自殺人口的 18%。所以，這數據也顯示老人情緒似乎也呈現某些問題。美國自殺防治協會為美國非營利組織，該組織認為老人最主要的自殺原因是憂鬱症狀引起的，所以，老人的情緒問題應該被關心、被正視，且不應被視為老化過程的一部分而被忽略了。

🍁 情緒的種類

　　Goleman 將情緒（emotion）定義為：「感覺及其特有的思想、生理與心理的狀態，以及相關的行為傾向。」（張美惠譯，1995）也可說是個人受到外界刺激之後，所產生的情感經驗（諸如驚訝、愉悅、生氣等）（陳皎眉，2004）。這種經驗可能因其文化背景之不同而有不同的表達方式（Rosaldo, 1984），儘管 Russell（1991）認為它是世界人類共通且跨文化之內在經驗（此又稱為基本情緒理論，詳見王震武、林文瑛、林烘煜、張郁雯、陳學志，2008）。學者提到人類有六種核心情緒，如：快樂、驚奇、憤怒、厭惡、恐懼、悲傷（Ekman & Friesen, 1971），但之後還是有學者建議增加諸如滿足感、羞恥心、罪惡感等多項正負面情緒（Izard, 1977）。James（1984）則僅列出四種基本情緒，如害怕、悲傷、愛及生氣。雖然學者間看法有差異，但由於個人可以有很多情緒，多種正負面向情緒之間還是可做一定程度之歸類，如歸類為正向情緒之一的「喜悅」情緒包括：滿意、放鬆、希望等，負向情緒之一的「生氣」則包括：討厭、惱怒等（詳參 Parrott, 2001）。

　　相較於早期的學者認為所有情緒存在於同一個向度上（如

Woodworth, 1938），學者Russell（1980）率先提出情感環狀模型理論（亦參考 Posner, Russell, & Peterson, 2005）。此理論根據個人情緒的愉悅／不愉悅（pleasure / displeasure）（位於橫軸）程度和激發／不激發（arousal / sleep）（位於縱軸）程度兩向度來對情緒進行分類，他們稱為情緒（或情感）的環狀模型（circumplex model of affect）（如圖 4-2 所示）。當愉悅情緒被激發則個人出現如圖中右上角出現得意／快樂（第一象限），愉悅情緒未被激發則呈現滿足／安詳等情緒（第四象限）；當不愉悅情緒被激發則呈現出緊張／焦躁（第二象限），不被激發則呈現悲傷／無聊（第三象限）等情緒（詳參陳皎眉、楊家雯，2009；陳皎眉、林宜旻、徐富珍、孫旻暐、張滿玲，2009；Russell, 1980），此種區分法配合圖形頗能簡單清楚的呈現出情緒的狀態。

　　陳皎眉（2004）認為長輩不能適當控制情緒者，提早死亡機率

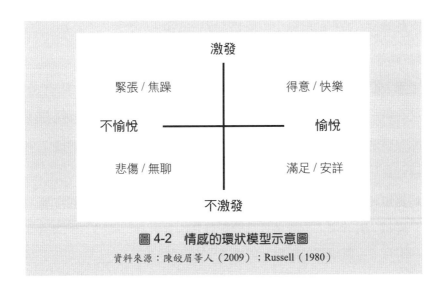

圖 4-2　情感的環狀模型示意圖

資料來源：陳皎眉等人（2009）；Russell（1980）

較高。在她書中提到美國耶魯大學心理學家羅蜜,在《科學》(*Science*)雜誌上的一篇報告指出,生活在養老院的老人,能適當控制情緒者的死亡率,比不能適當控制情緒者低 50%。所以,學習如何在生活的大小事件中調節我們個人的情緒是至關重要的。不幸的是,有些老人的情緒不佳,則是受到不當對待(mistreatment)所致,譬如美國的一篇研究指出,美國約有 4.6%的人受到情緒虐待,1.6%受到身體虐待,0.6%的性虐待,5.6%的老人潛在「被忽略」(potential neglect),這也是一種虐待,5.2%的人目前則受到家人財務上的不當對待(即不給足夠的錢花用)(Acierno et al., 2010)。而這些不當對待,必然更使年長者情緒受到不良影響。

此外,老人憂鬱症與老人被不當對待/虐待兩者間常有強烈的相關性,也就是說那些有憂鬱症的患者似乎比較容易遭受到不當對待。Dong、Beck 與 Simon(2010)發現,如果多一些社會支持就能少一些這種不當對待(虐待)的發生。如此,政府及各界對於社會支持的投入將有助於減少一些老人虐待的發生。

🍁 完整的情緒經驗

對於一個完整的情緒經驗的了解,應該有助於進一步認識情緒的發展階段。王震武等人(2008)認為,一個完整的情緒經驗至少應包含四個組成要件,依序為:

1. **認知評估**:是指對外界刺激內容的意義進行分析、解釋與推論。譬如,對於別人的讚美進行分析是否出自真心(高興),或別有用意(生氣或謹慎以對)或嘲諷(生氣)。

2. **生理反應：**當你生氣則血壓上升、心跳加快、胃部痙攣，這些是我們難以控制的自主神經系統反應，也是情緒的一個必然反應。

3. **表情反應：**包括臉部及肢體的表情反應，例如當一個人齜牙咧嘴就知道他生氣了，或當他張開雙臂對你微笑就知道這是善意的訊號。通常這些非語言的肢體動作較難隱藏（與口語表達相比較），可信度自然較高。

4. **行為傾向：**即引發行為的傾向或動機。我們的行為受到文化或社會所規範，譬如美國與日本人的比較研究中發現，當美國人單獨一個人在房間看電影，與旁邊有人在場時，有較一致的表情。日本人則在旁邊有外人時表現出比較嚴肅的表情，這就是後天社會規範影響的結果。

　　所以當我們表現出一種行為，例如唱歌行為時，我們的情緒可能是正面居多；而當人們尖叫時，可能是情緒緊張的結果。

🍁 老化後情緒的發展

　　老人情緒究竟是往正向或往負向發展？了解此問題之研究結果或許可以對於老人心理有更進一步的認識。

　　美國研究顯示，老化的過程似乎讓大部分長輩的正向情緒增加、負向情緒減少（Gross, Carstensen, Pasupathi, Tsai, Skorpen, & Hsu, 1997; Kunzmann, Kupperbusch, & Levenson, 2005; Lawton, 2001），Helmuth（2003）發表於《科學》雜誌的大作也清楚的告訴我們長輩的情緒穩定，則人際關係良好，且對於文字字彙（vocabulary）的使用能力優於年輕人。另一篇研究結果也顯示，與年輕人相

較，老人似乎比較會使用大腦認知調節能力來控制負面情緒（Emery & Hess, 2011）。所以與年輕人比較起來，老人也認為自己有較多的正面情緒（Gross et al., 1997）。然而也有少部分的研究認為長輩比年輕人容易出現負面情緒（尤其是當遇到不公平事情時），例如有研究人員使用攝影機拍攝老人日常生活行為來作為研究，他們發現，與年輕人相較，老人當遇到不公平事情的反應似乎負面者多（Charles, 2005）。

　　由這些國外文獻看來，老人理應正面情緒增多，所以，台灣的老人心理問題應當日益減少才對，可是這與第二章提到的老人心理問題日趨嚴重（參閱吳齊殷，2007）看法的不同。筆者認為，仍有少部分老人情緒未被關懷到，台灣社會福利制度及老人教育、醫療領域雖然逐漸注意到老人情緒議題，但仍嫌不足。老人的心理問題應該被各界更充分的正視並加以解決，以減少社會悲劇的發生。國立屏東教育大學曾於 2012 年 12 月獲國科會資助，在該校舉辦第一屆國際老人心理健康研討會，即是在回應此議題之重要性，並盼各界能多注意長輩們的心理健康。該研討會第一次辦理即約有三十餘篇論文發表，也可看出學界對於老人心理議題已逐漸重視。

🍁 個人情緒管理之技巧

　　適當的情緒管理當然是重要的，這種技巧除了可以增進人際關係之外，對於個人身心健康是重要的。當個體受到外界刺激而引起情緒反應時，此反應之方式常因文化不同、個人對此刺激之經驗、學習過程，以及年齡階段而有所不同（Knight & Mather, 2006）。對

於同一個外在刺激，有些人會強烈的反應，有些則可以輕鬆以對。
個人對於外在刺激可能出現反應的差異，透過下列技巧，可以讓我
們情緒放鬆：

一、肌肉放鬆

　　肌肉放鬆的方法有很多種，譬如可以先學習手握拳頭將肌肉緊
繃，體會其感覺，再讓自己放鬆肌肉以體會其差別，如此反覆幾次。
經驗了這個過程，爾後當我們緊張時，便可以較容易自己察覺是否
緊張，並學習自我放鬆。進行此程序時要放鬆，一邊深呼吸效果更
好。或者，透過冥想從腳部到頭部每個地方停留，漸次放鬆，如腳
底部、腳踝，到小腿、膝蓋、大腿、臀部等依次上升，使身體各部
位放鬆，這種方式通常可以達到情緒管理效果（江承曉、劉嘉蕙，
2008）。

二、正向思考

　　認知思考的方向對於情緒影響重大（Bengtson, 2009），凡事往
正向去想，情緒自然慢慢開朗；鑽牛角尖則容易使情緒偏負向。Ellis
理性情緒療法也認為當事件發生，不同的正向與負向想法會產生不
同的行為後果（Thomson, Rudolph, & Henderson, 2004）。目標導向
的認知方式（goal-directed cognition）於是被提出來作為改善情緒之
策略（Bengtson, 2009）。此法重點在於將認知焦點集中於事件正向
資訊而去忽略負向資訊，以使個人感受良好情緒經驗（達到目標），
此經驗更可讓我們在注意力及記憶力方面達到所謂的正向效果
（positive effect）（Carstensen & Mikels, 2005）。

三、接近開心場合

　　接近開心場合常能讓我們身心放鬆，譬如接近樂觀的朋友、看娛樂節目或去遊樂園等。相關的行業似乎也逐漸興起，例如 Warren 與 Spitzer（2011）專文描寫新興行業「小丑醫生」（clown doctor，藉著藝術表演帶歡樂給觀賞者的行業）工作的內涵及發展，他們提到這一行業的發展已經由原先的以小朋友為對象，轉到以老人為新對象的表演。尤其是很多老人缺乏與別人的互動而相當需要有人帶來歡笑。這些小丑醫生可幫助老人提升人際溝通技巧、正向情緒發展及良好的生活品質。所以，長輩接近這些開心的人、事、物當然可以幫助其情緒往正向發展。

四、臉部保持微笑

　　通常情緒引發表情，有時表情也可以引發情緒，這就是所謂的臉部表情回饋理論（facial feedback hypothesis）。Strack、Martin 與 Stepper（1988）等人的研究就說明，那些保持著露齒微笑的表情者，比那些保持嘴唇緊閉者看卡通漫畫時，有較多的歡笑反應。使用 fMRI 醫學儀器照射大腦，也證實臉部（歡笑、難過等）表情可以調整腦部神經的接收，而使我們產生不同情緒（Hennenlotter, Dresel, Castrop, Ceballos, Wohlschlager, & Haslinger, 2008）。研究發現當我們難過時，使用「臉部保持微笑」技巧有助於調整我們的情緒往正向發展，讀者不妨嘗試看看。

五、音樂欣賞

　　音樂與情感之間關係密切，它除了讓我們情緒得以抒發，在醫

療上也愈來愈受重視（Cervellin & Lippi, 2011）。音樂能顯著改善病患的焦慮感受，所以可提供臨床護理人員運用音樂治療的方式來緩解病患焦慮之參考，使達到人性化護理之目標（武香君、周汎鴻，2008）。也就是說，音樂被證實能對病人的生理、心理與情緒產生鎮靜與減輕痛苦的作用（林如瀚、陳志展，2007；吳佳純、施以諾，2009）。關於音樂對於心理健康的正面效果，或許也可以有效幫助失智症患者的情緒，增進其生活品質。例如在 Cuddy 與 Duffin（2005）個案研究中發現，失智症患者 EN（化名，她的 MMSE 分數 = 8，關於此評量之意義詳參第八講）可以隨著熟悉的音樂旋律哼唱，直到音樂結束；對於不熟悉的音樂，她則不跟隨著哼唱；對於變調的熟悉音樂（故意讓其音樂旋律變調時），她的反應則是皺眉頭、大笑、驚訝。Cuddy 與 Duffin 覺得 EN 的音樂能力與一般沒有失智的老人無異。為何如此？「是不是音樂的特質讓聽者感覺舒適，降低壓力而使其發聲？」（2005, p. 234）也就是失智老人仍可享受音樂之樂趣。筆者曾帶領大學生在安養院做志工服務時，的確也看到有些失智的長輩可以隨著音樂的律動，與同學們一起手舞足蹈，可見音樂的魅力。

　　也有研究運用音樂治療來改善產婦面臨懷孕及生產的壓力情境，應用音樂可提升孕產婦的學習能力、促進生產的正向經驗及親密關係的建立（張淑貞、陳彰惠，2004）。林秀慧、陳忠敏、郭德芬、玉春妍與黃靖惠（2007）研究結果顯示，音樂介入能顯著降低血液透析病患之焦慮、壓力，提升血氧飽和濃度，但在其他生理指標上並未呈現顯著性差異。從這個研究來看，音樂對於降低長輩們之壓力應該也是可以適用的。

　　關於個案研究，美國有個護理之家的長輩原本經常是安靜的一個人坐著，不與人互動。當護理人員播放長輩年輕時代的音樂，長輩的活力馬上顯現，變得多話；當與其互動談論音樂時，也顯得有興趣、有精神。照顧他的神經科醫師Sacks（2012）也發現了這個現象，而且，他還說這個個案顯然從音樂中更認同自己，也更記得自己是誰（本章參考文獻附上這個個案與護理機構的音樂互動影音網址，供有興趣者參考）。

六、社會支持

　　研究發現，缺乏社會支持是生活上的一種壓力，會負面影響我們的免疫系統、新陳代謝及心血管疾病（Acierno et al., 2010）。在Siebert、Mutran 與 Reitzes（1999）等人的研究中發現，老年人在朋友間所獲得的社會支持有助於其自我角色認定，並可有效的預測其生活滿意度。在Charbonneau-Lyons（2002）之研究中，朋友和家庭關係是高齡者認為最重要的層面。Jeste（2005）認為成功老化很重要的因素之一，就是多與朋友接觸。Montross 等人（2006）的研究也提到，高齡者認為退休後有幾位好朋友聊天、談心事是成功老化的重要因素之一。所以，與親朋好友聊聊天、談談心事，可以使情緒得到適當抒解，是廣泛被接受的正向行為。

七、身體活動

　　研究顯示，持續身體活動可降低心臟病、憂鬱症，更可因為運動導致肌肉增強而減少老人跌倒的風險，這對於身體健康及生活品質之提升當然有良好的助益。此外，如果運動能與社會行為結合，似乎更能增進我們的身心健康。譬如，UCLA 類似研究認為，那些

跟朋友運動的人，比起單獨運動者，其身體及認知功能加強了約兩倍的保護能力（Seeman, 2000）。「園藝活動」與「快步走」就是常被提到的有益身心活動，譬如輕快走步（brisk walking）也被稱為近乎完美的運動（Morris & Hardman, 1997），因為它可以改善身體比例，避免肥胖及死亡（Haskell et al., 2007）。

八、睡眠充足

睡眠對於學習、記憶的重要性自不待言，尤其對於情緒的影響更是自有歷史記載以來就被提及（Palagini & Rosenlicht, 2011）。研究顯示，我們並不會因為老化就對睡眠的需求減低，而是老人能夠整夜睡得好的能力降低了（Ancoli-Israel, Poceta, Stepnowsky, Martin, & Gehrman, 1997）。Guimaraes、Carvalho、Yanaguibashi 與 Prado（2008）發現，那些常常身體活動的老年女性睡眠時間不但較長，且睡眠品質也較好。此外，若睡覺時能聽一些柔和的音樂，除有助益於睡眠品質，更可減輕憂鬱症狀（Chan, Chan, & Mok, 2010）。由於睡眠不足嚴重影響我們的生活品質，所以，生活上可以白天多運動，晚上就寢前聽聽自己喜歡的音樂以助眠。至於下午的打盹，雖然它讓老年人的晚上睡眠時數減少，但研究顯示並不會影響晚上的睡眠品質（Zilli, Ficca, & Salzarulo, 2009）。所以，愈來愈多的研究發現，午後打盹是可以被接受，甚至對於老年人是有正面助益的，譬如可以滿足其心理需求，且讓人更有精神。

情緒惡化之警訊

對於老年人情緒惡化的一些徵兆之了解，應當會有助於早期的

治療，所以這方面的資訊對於長輩是重要的。張家銘與蔡智能
（2003）認為《老年人精神抑鬱量表》（Geriatric Depression Scale）
是一個不錯的憂鬱症篩檢工具。例如：

　　題目1：基本上，您對您的生活滿意嗎？

　　題目2：您是否常常感到厭煩？

　　題目3：您是否感覺您現在活得很沒有價值？

　　筆者認為由具信效度之評量表來做初步簡單自我篩檢是可行
的，發現分數過高可請專業人員進一步檢查（詳參第八講「老人心
理評量」）。

　　Da Canhota 與 Piterman（2001）認為，女性低社經地位及社會
孤立的長輩，是應該多加注意的易罹患憂鬱症的社會人口因子。美
國俄亥俄州立大學醫學院（Ohio State University, 2012）也列出一些
憂鬱的徵兆，包括持續悲傷的感覺、無助感、低自尊、覺得自己不
如人、罪惡感、想要自殺等供社會大眾參考。

　　綜上所述，我們希望老人在生活中能多一些正向事件供其回
憶，使其保持身心愉快，安享晚年。而且，情緒管理能力良好者往
往能讓自己保持正向情緒，避免如憂鬱症等負面情緒發生（Ciarro-
chi, Chan, Caputi, 2000）。總的來說，長輩的情緒調節能力不會比年
輕人差（如果沒有比較好的話），他們傾向將往事美好的回憶記在
腦裡，而忽略不愉快的回憶，以使自己保持快樂情緒（Bengtson,
2009; Kunzmann, Kupperbusch, & Levenson, 2005）。即使記下來的過
往資訊不正確也無所謂，他們認為只要情緒愉快就好（Ready,
Weinberger, & Jones, 2007）。憂鬱症攸關長輩的生活品質甚鉅，尤
其該症狀常與失智症有關聯（National Institute of Mental Health,

2003）。

　　對於高齡者情緒困擾這方面知識的充實，並且及早偵測預防和治療，絕對是對老年人生活有極大助益的。希望社會大眾更加重視老人情緒管理問題，同時也希望長輩能有更適當的策略保有健康的情緒，以促進其身心健康。

參考文獻

中文部分

王震武、林文瑛、林烘煜、張郁雯、陳學志（2008）。心理學（第二版）。台北市：學富文化。

台北市政府自殺防治中心（2009）。拒絕孤單「銀」得精采。2011 年 8 月 23 日，取自 http://tspc.health.gov.tw/news_pop04.html

全國自殺防治中心（2010）。自殺通報防治系統。自殺防治網通訊，5（4），17-19。

江承曉、劉嘉蕙（2008）。青少年壓力調適、情緒管理與心理健康促進之探討。嘉南學報，34，595-607。

行政院衛生署統計室（2011）。民國 83 年至 99 年 年齡層別自殺死亡率。2011 年 8 月 31 日，取自 http://www.tspc.doh.gov.tw/tspc/portal/know/index.jsp? type=2

吳佳純、施以諾（2009）。台灣近十年來音樂治療論文分析：以 1999 年到 2008 年為例。台灣老人保健學刊，5（2），93-104。

吳曼阡、宋惠娟（2010）。光線治療在老人照護的運用。志為護理：慈濟護理雜誌，9（3），63-70。

吳齊殷（2007）。不同年齡層台灣民眾之心理健康趨勢表現（情緒症狀）。2011 年 3 月 31 日，取自 http://www.ios.sinica.edu.tw/TSCpedia/index.php/

林立寧（2009，2 月 1 日）。老年人常見的精神疾患。2009 年 6 月 3 日，取自 http://tw.myblog.yahoo.com/jw! ls_eM2OYGRqJINz3EwriJfA-/artcle? mid=121

林如瀚、陳志展（2007）。從音樂治療觀點探討音樂對運動的影響。中華體育季刊，21，20-26。

林秀慧、陳忠敏、郭德芬、玉春妍、黃靖惠（2007）。音樂治療於血液透析病患焦慮、壓力及生理指標之成效探討。高雄護理雜誌，24，6-9。

武香君、周汛鴻（2008）。音樂治療緩解呼吸器使用患者焦慮之心理及生

理反應成效。**護理雜誌，55**，35-44。

張美惠（譯）（1995）。D. Goleman 著。**EQ**（*EQ: Emotional intelligence*）。台北：時報文化。

張家銘、蔡智能（2003）。老年人之周全性評估，**老人醫學，7**（3），364-374。

張淑貞、陳彰惠（2004）。音樂治療於母育護理之應用。**護理雜誌，51**（5），61- 65。

許金霞、楊明磊（2010）。以親密按摩改善照護機構老人憂鬱及焦慮情緒成效之研究：以單一受試者設計為例。**護理暨健康照護研究，6**（1），54-64。

陳皎眉（2004）。**人際關係**。台北市：雙葉書廊。

陳皎眉、林宜旻、徐富珍、孫旻暐、張滿玲（2009）。**心理學**。台北市：雙葉書廊。

陳皎眉、楊家雯（2009）。情緒調節與情緒管理。**飛訊，81**，1-18。

聯合報（2008）。**快樂會傳染 不包括職場**。2012 年 12 月 30 日，取自 http://city.udn.com/54543/3133096? tpno=46&cate_no=61536#ixzz2H9zebpv3

謝佳容、劉淑娟、張珏（2003）。從 WHO 心理衛生報告──探討台灣社區老人的心理衛生問題和政策。**護理雜誌，50**（3），56-61。

英文部分

Acierno, R., Hernandez, M. A., Amstadter, A. B., Resnick, H. S., Steve, K., Muzzy, W., & Kilpatrick, D. G. (2010). Prevalence and correlates of emotional, physical, sexual, and financial abuse and potential neglect in the United States: The national elder mistreatment study. *American Journal of Public Health, 100*(2), 292-297.

Ancoli-Israel, S., Poceta, J. S., Stepnowsky, C., Martin, J., & Gehrman P. (1997). Identification and treatment of sleep problems in the elderly. *Sleep Medicine Reviews, 1*(1), 3-17.

Bengtson, V. L. (2009). *Handbook of theories of aging*. New York, NY: Springer.

Caine, E. (2010). 自殺防治五大挑戰。*自殺防治網通訊*，**5**（4），13-14。

Carstensen, L. L., & Mikels, J. A. (2005). At the intersection of emotion and cognition: Aging and the positivity effect. *Current Directions in Psychological Science, 14*(3), 117-121.

Cervellin, G., & Lippi, G. (2011). From music-beat to heart-beat: A journey in the complex interactions between music, brain and heart. *European Journal of Internal Medicine, 22*(4), 371-374.

Chan, M. F., Chan, E. A., & Mok, E. (2010). Effects of music on depression and sleep quality in elderly people: A randomised controlled trial. *Complementary Therapies in Medicine, 18*(3-4), 150-159.

Charbonneau-Lyons, D. L. (2002). Opinions of colleges students and independent-living adults regardingsuccessful aging. *Educational Gerontology, 28*, 823-833.

Charles, S. T. (2005). Viewing injustice: Greater emotion heterogeneity with age. *Psychology and Aging, 20*, 159-164.

Ciarrochi, J., Chan, A., & Caputi, P. (2000). A critical evaluation of the emotional intelligence construct. *Personality and Individual Differences, 28*, 539-561.

Cuddy, L. L., & Duffin, J. (2005). Music, memory, and Alzheimer's disease: Is music recognition spared in dementia, and how can it be assessed? *Medical Hypotheses, 64*(2), 229-235.

Da Canhota, C. M., & Piterman, L. (2001). Depressive disorders in elderly Chinese patients in Macau: A comparison of general practitioners' consultations with a depression screening scale. *Australian and New Zealand Journal of Psychiatry, 35*(3), 336-344.

Dong, X. Q., Beck, T., & Simon, M. A. (2010). The associations of gender, depression and elder mistreatment in a communitydwelling Chinese population: The modifying effect of social support. *Archives of Gerontology and Geriatrics, 50*, 202-208.

Ekman, P., & Friesen, W. (1971). Constants across cultures in the face and emotion. *Journal of Personality and Social Psychology, 17*, 124-129.

Emery, L., & Hess, T. M. (2011). Cognitive consequences of expressive regulation in older adults. *Psychology and Aging, 26* , 388-396. doi: 10.1037/a0020041

Fowler, J. H., & Christakis, N. A. (2008). Dynamic spread of happiness in a large social network: Longitudinal analysis over 20 years in the Framingham Heart Study. *British Medical Journal, 337*, a2338.

Gross, J. J., Carstensen, L. L., Pasupathi, M., Tsai, J., Skorpen, C. G., & Hsu, A. Y. C. (1997). Emotion and aging: Experience, expression, and control. *Psychology and Aging, 12*, 590-599.

Guimaraes, L. H., Carvalho, L. B. C., Yanaguibashi, G., & Prado, G. M. (2008). Physically active elderly women sleep more and better than sedentary women. *Sleep Medicine, 9*(5), 488-493.

Haskell, W. L., Lee, I. M., Pate, R. R., Powell, K. E., Blair, S. N., Franklin, B. A., ⋯ Bauman, A. (2007). Physical activity and public health: Updated recommendation for adults from the American College of Sports Medicine and the American Heart Association. *Circulation, 116*, 1081-1093.

Helmuth, L. (2003). The wisdom of the wizened. *Science, 299*, 1300-1302.

Hennenlotter, A., Dresel, C., Castrop, F., Ceballos, B. A. O., Wohlschlager, A. M., & Haslinger, B. (2008). The link between facial feedback and neural activity within central circuitries of emotion: New insights from botulinum toxin-induced denervation of frown muscles. *Cerebral Cortex, 19*(3), 537-542.

Hsieh, M. H., & Lai, T. J. (2005). Depression in late life: Current issues. *Taiwanese Journal of Psychiatry, 19*(2), 85-99.

Izard, C. E. (1977). *Human emotions.* New York, NY: Plenum Press.

James, W. (1984). What is an emotion? *Mind, 9*, 188-205.

Jeste, D. (2005). *Secrets of successful aging: An expert interview with Dilip Jeste, medscape psychiatry and mental health.* Retrieved January 10, 2009, from http://www.medscape.com/viewarticle/511194

Knight, M., & Mather, M. (2006). The affective neuroscience of aging and its implications for cognition. In T. Canli (Ed.), *The biological bases of personality and individual differences* (pp. 159-183). New York, NY: Guilford Press.

Kunzmann, U., Kupperbusch, C. S., & Levenson, R. W. (2005). Behavioral inhibition and amplification during emotional arousal: A comparison of two age groups. *Psychology and Aging, 20*, 144-158.

Lawton, M. P. (2001). Emotion in later life. *Current Directions in Psychological Science, 10*, 120-124.

Lin, L. C., Wang, T. G., Chen, M. Y., & Wu, S. C. (2005). Depressive symptoms in long-term care residents in Taiwan. *Journal of Advanced Nursing, 51*, 30-37.

Montross, L. P., Depp, C., Daly, J., Reichstadt, J., Golshan, S., Moore, D., Sitzer, D., & Jeste, D. V. (2006). Correlates of self-rated successful aging among community-dwelling older adults. *American Journal of Geriatric Psychiatry, 14*(1), 43-51.

Morris, J., & Hardman, A. (1997). Walking to health. *Sports Medicine, 23*(5), 306-332.

National Institute of Mental Health (2003). *Breaking ground, breaking through: The strategic plan for mood disorders research*. NIH Publication No. 03-5121.

Ohio State University (2012). *Manic depression / Bipolar disorder.* Retrieved May 23, 2013, from http://medicalcenter.osu.edu/patientcare/healthcare_services/mental_health/men tal_health_about/mood/bipolar_disorder/Pages/index.aspx

Palagini, L., & Rosenlicht, N. (2011). Sleep, dreaming, and mental health: A review of historical and neurobiological perspectives. *Sleep Medicine Reviews, 15*(3), 179-186.

Parrott, W. (2001). *Emotions in social psychology.* Philadelphia, PA: Psychology

Press.

Posner, J., Russell, J. A., & Peterson, B. S. (2005). The circumplex model of affect: An integrative approach to affective neuroscience, cognitive development, and psychopathology. *Development and Psychopathology, 17*, 715-734.

Ready, R. E., Weinberger, M. I., & Jones, K. (2007). How happy have you felt lately? Two diary studies of emotion recall in older and younger adults. *Cognition and Emotion, 21*, 728-757.

Rosaldo, M. Z. (1984). Toward an anthropology of self and feeling. In R. A. Shewder & R. A. Levine (Eds.), *Culture theory: Essays on mind, self, and emotion* (pp. 137-157). Cambridge, UK: Cambridge University Press.

Russell, J. A. (1980). A circumplex model of affect. *Journal of Personality and Social Psychology, 39*, 1161-1178.

Russell, J. A. (1991). Culture and the categorization of emotions. *Psychological Bulletin, 110*(3), 426-450. doi:10.1037/0033-2909.110.3.426.

Sacks, O. (2012). *Elderly man in nursing home reacts to music from his era.* Retrieved May 23, 2013, from http://www.youtube.com/watch? v=zUnUPraRik4

Seeman, T. (2000). *Successful aging: Fact or fiction?* Paper presented at the UCLA Center on Aging Event, Fall Community Meeting, Los Angeles, CA.

Siebert, D. C., Mutran, E. J., & Reitzes, D. C. (1999). Friendship and social support: The importance of role identity to aging adults. *Social Work, 44*(6), 522-533.

Strack, F., Martin, L., & Stepper, S. (1988). Inhibiting and facilitating conditions of the human smile: A nonobtrusive test of the facial feedback hypothesis. *Journal of Personality and Social Psychology, 54*, 768-777.

Suicide.org (2011). *Suicide statistics.* Retrieved August 22, 2011, from http://www.suicide.org/suicide-statistics.html

Suicide.org (2013). *Elderly suicide.* Retrieved May 22, 2013, from http://www.suicide.org/elderly-suicide.html

Thomson, C. L, Rudolph, L. B., & Henderson, D. (2004). *Counseling children* (6th ed.). Belmont, CA: Brooks/Cole Thompson.

Warren, B., & Spitzer, P. (2011). Laughing to longevity: The work of elder clowns. *The Lancet, 378*(9791), 562-563.

Woodworth, R. S. (1938). *Experimental psychology.* New York, NY: Holt.

Zilli, I., Ficca, G., & Salzarulo, P. (2009). Factors involved in sleep satisfaction in the elderly. *Sleep Medicine, 10*(2), 233-239.

第五講　老人憂鬱

憂鬱症是一種很常見且罹患者常覺得很虛弱無力的疾病。幸運的是，憂鬱症並非正常老化的一部分，且是一種可以有效加以治療或控制的疾病。

　　憂鬱症是一種很常見且罹患者常覺得很虛弱無力的疾病（Pratt & Brody, 2008），根據 Pratt 和 Brody 這兩位美國疾病管制及預防中心的學者研究，就美國而言，十二歲以上的各年齡在 2005 至 2006 年間平均約有 5.4%的人罹患憂鬱症（以任何兩週為一個單位估計）。如表 5-1 所示，罹患率最高者為四十到五十九歲族群（7.3%），六十歲以上人口則約有 4% 的憂鬱症患者。根據世界衛生組織估計，到了 21 世紀的 20 年代左右，以全球整體來看，憂鬱症所造成的社會負擔將是所有疾病的第二名，僅次於第一名的心臟病，但此疾病所造成之社會負擔在已開發國家中卻是占第一位（WHO, 2010）。根據統計，憂鬱症也是所有造成失能（disability）疾病的第一名，所以對此疾病之了解是有需要的。

　　國家衛生研究院憂鬱症研究小組成員張家銘醫師（2006）指出，衛生署國民健康局（註：現為衛生福利部國民健康署）以台灣

表 5-1　各年齡罹患憂鬱症比率

所有族群	5.4%
年齡	
12-17 歲	4.3%
18-39 歲	4.7%
40-59 歲	7.3%
60 歲以上	4%
性別	
女性	6.7%
男性	4.0%

資料來源：Pratt & Brody（2008）；CDC（2011）

人憂鬱症量表做兩萬多人社區人口的調查，發現十五歲以上民眾
8.9%有中度以上憂鬱，5.2%有重度憂鬱。年齡在六十五歲以上 8.4%
重度憂鬱，其次十五到十七歲 6.8%重度憂鬱，估計憂鬱人口逾百
萬。性別上，女性 10.9%，是男性 6.9%的 1.8 倍。這麼多的憂鬱症
人口，但是實際接受治療的比例仍顯不足。而老人居住於社區或機
構中的憂鬱情形比例上有明顯的不同，林怡君、余豎文與張宏哲
（2004）發現新北市新店區老人社區盛行率為 29.5% ，但機構老人
的盛行率則為 39.2%，在他們的調查中發現，影響老人的憂鬱因素
包括了：生活事件變故的有無（如：遷徙住所、罹患疾病、失去家
人、家人生病、失和、失業、家庭新增成員及自己退休等）、自評
健康的高低，以及日常生活功能的情形。

　　幸運的是，憂鬱症並非我們正常老化的一部分，而且它是一種
可以有效的加以治療或控制的疾病。譬如澳洲維多利亞省健康局
（Australia State of Victoria, 2010）認為約六週的（醫師處方）藥物
治療即可看到改善，該局還提到認知行為心理治療或人際溝通諮商
也常有不錯的效果。其他治療的選項還包括飲食改變、營養補充、
運動、社會活動，以及避免讓自己遇到會焦慮的狀況等。

　　關於憂鬱症的診斷，精神科醫生常依據的標準是美國精神醫學
協會（American Psychiatric Association, 2000）所頒訂的《精神疾病
診斷與統計手冊（第四版修訂版）》（*Diagnostic and Statistical Manual of Mental Disorders*, DSM-IV-TR）。在該手冊中，列舉一系列可
能的憂鬱症症狀供醫生判斷，症狀持續兩週以上將被診斷為憂鬱症
患者（余民寧、劉育如、李仁豪，2008）。

　　根據張家銘（2004）指出，這些 DSM-IV-TR 所臚列的憂鬱症狀

包括：

- 憂鬱情緒：快樂不起來、煩躁、鬱悶。
- 興趣與喜樂減少：提不起興趣。
- 體重下降（或增加）；食慾下降（或增加）。
- 失眠（或嗜睡）：難入睡或整天想睡。
- 精神運動性遲滯（或激動）：思考動作變緩慢。
- 疲累失去活力：整天想躺床、體力變差。
- 無價值感或罪惡感：覺得活著沒意思、自責難過，都是負面的想法。
- 無法專注、無法決斷：腦筋變鈍、矛盾猶豫、無法專心。
- 反覆想到死亡，甚至有自殺意念、企圖或計畫。

根據筆者翻查文獻，即使 2013 年 5 月美國精神醫學協會已經更新 DSM-IV-TR 至第五版（DSM-V），以上九項憂鬱症狀仍維持不變。共須出現五項，包括第一（憂鬱情緒）、第二（興趣減少）裡的其中一項，加上上述的其他四項。且以上症狀最少須每天呈現並持續二週以上（APA, 2013）。

很多醫療院所之網站常有精神或憂鬱症相關衛教資訊可供參考。此外，健康九九衛生教育網（行政院衛福部）、董氏基金會及台灣憂鬱症防治協會，都是不錯的憂鬱症資訊蒐集參考網站。董氏基金會網站上提供的「台灣人憂鬱症量表」（李昱、楊明仁、賴德仁、邱念睦、周騰達，2000）即是個不錯的參考評量工具，其他評

量工具可參考本書第八講中「老人憂鬱量表」之介紹。

🍁 憂鬱症的危險因子

德國學者 Heun 與 Hein（2004）提到，憂鬱症的危險因子在學術研究中常被提及的有：

1. **性別**：也就是女性罹患率較高。很多文獻也記載女性憂鬱症的罹患率為男性的兩倍（Nolen-Hoeksema, 2001），Nolen-Hoeksema 認為這與女性接觸的壓力接收（壓力來源）與回應方式有關。雖然也有學者不同意有性別差異存在（Meller, Fichter, & Schropel, 1997）。

2. **基因遺傳**：家族性遺傳的憂鬱症也占相當大的因素。縱然如此，不一定家族中每個人都會得憂鬱症。因為每個兄弟、姊妹雖有50%的遺傳機率，卻因每個人的基因成分不同，所遭遇的環境也有不同，因此結果與反應也有所不同（另參見莊明哲，2012）。莊明哲還提到家族性憂鬱症遺傳的人，倘若多住在陽光普照地帶，並遠離陰暗的天氣，相信對心情是有些許正面的幫助。

3. **精神病史**：本身曾有多種憂鬱症狀、病史、認知缺損、菸酒過量及長期失眠症狀。

4. **身體狀況**：罹患慢性病，自認身體不好及身體漸漸失去健康。

5. **社會因子**：如婚姻狀況不佳者、面臨重大壓力事件、孤獨、低收入者、財務出現狀況者、極低教育程度者；至於年齡大小則不被認為能造成憂鬱與否的差異（也就是說，年紀老少與罹患憂鬱症沒有關係）。

　　此外，莊明哲（2012）提到我們日常生活及環境陽光因素也會影響憂鬱情形，大致如下：

1. **後天日常生活的影響**：我們每天的生活不如意事十常八九，諸如人際關係、工作或意外事件都有可能讓我們情緒受到影響，長久的不愉快，憂鬱症狀將慢慢出現。

2. **氣候與環境之影響**：例如北歐陰暗天氣或美國西雅圖天氣潮濕，因為天空陰霾容易讓人心情受影響；而陽光地帶則風光明媚，春暖花開，心情也容易開朗。

　　由於憂鬱症研究之盛行率差異很大，Heun 與 Hein（2004）進一步指出，可能的原因就是以上所提到危險因子間之交互作用所導致的。也就是，當一個人有多種以上的危險因子時，當然罹患憂鬱症的機率就會高。而一般民眾也應注意盡量減少危險因子，例如增加社會人際網絡之連結（多與親朋好友接觸）就是有效的預防方法。Schoevers、Beekman、Deeg、Geerlings、Jonker 與 Tilburg（2000）的研究就提到，一般社區健康老人如有良好的社會連結，就可有效減少其憂鬱症發生的機會。

　　張家銘（2004）提到憂鬱症發生之原因時，認為可能的成因有：

1. **生物學因素**：腦內生物傳導物質、內分泌不正常，或大腦構造異常等。

2. **基因遺傳因素**：有家族病史者有較高機率罹患憂鬱症。

3. **心理社會因素**：生活如壓力太大、早年失去親人、覺得生命沒價值或一些個人的錯誤認知等，也都容易讓我們罹患憂鬱症。其他

如產後憂鬱症及有長期重病之病患，也都有較高罹患憂鬱症之機率。

林正祥、陳佩含與林惠生（2010）利用衛生署老人長期追蹤資料庫調查分析結果，發現有無配偶、經濟狀況、健康自評及體能狀況與憂鬱症狀均有顯著的相關，而教育程度、性別、族群、有無與子女同住、工作狀況及失能狀況則在多次調查中也與憂鬱有顯著的關聯（詳見該論文）。

治療方法

大部分的憂鬱症患者接受治療後，常能有效的改善病情。吃藥、心理治療及生活型態的改變，是常被提到的治療方式或建議。在憂鬱症的急性期時，此時吃藥的效果也最明顯。所以長輩持續心情不好，可以先到醫院門診接受醫師建議或處方。李俊德醫師（2013）認為，憂鬱症藥物治療平均到達有效的期間為三個月到六個月。

心理治療中常被提到的是認知行為治療（cognitive-behavioral therapy），認知行為治療是認知重組加上行為治療兩種諮商方法結合的治療方式。也有學者認為，對於一般不嚴重的憂鬱症老人門診病患而言，它的效用與抗憂鬱藥物（desipramine）比起來毫不遜色（Thompson, Coon, Gallagher-Thompson, Sommer, & Koin, 2001）。

英國皇家精神科學院（Royal College of Psychiatrists, 2011）在介紹認知行為治療時，認為我們內在想法、身心感受及其後採取的行動之間是有關聯的。認知治療方式被皇家精神科學院認為是當今治

療憂鬱症及焦慮症最有效的方法之一。Thompson、Rudolph 與 Henderson（2004）也認為，認知行為治療方式對於小孩或大人都有預防情緒惡化的效果。

依照心理學家 Ellis 的理性情緒治療理論（Ellis & Dryden, 1987; Thompson et al., 2004），筆者將我們日常非理性信念使用一個生活常見例子，做成一簡單表格稍做說明（如表 5-2），以供讀者參考。

ABCDE 是依序進行發生的：

A（Activating Event）：引發事件

B（Irrational Belief）：信念

C（Consequences）：情緒與行為的結果

D（Disputes）：駁斥干預

E（New Effect）：新做法

除了服藥及心理治療外，在生活型態的改變，李俊德醫師（2013）建議運動、轉念、減壓、認識正確憂鬱症資訊、學習放鬆技巧，及對自己有信心、有耐心對抗疾病等，都是重要對抗憂鬱症的好方法。台灣醫學資源豐富，長輩們有異狀須盡快尋求醫療資源協助，以維護長輩健康，家人也應多留意自己身邊的長輩身體狀況，協助他們安享晚年。

表 5-2　理性自我分析

A. 事件	你今天因為某些事而心情鬱悶，所以出外散步。當你順著人行道走時，有一個你認識的人迎面走來，卻沒跟你打個招呼。 （將自己設想是一部攝影機，且錄下了整個過程，你看到、聽到了什麼？）
B. 想法	他怎麼可以對我視而不見？（生氣）
C. 結果	不快樂的情緒產生。 他怎麼可以這樣對我。 以後我也不理他了。
D. 質疑想法	Ellis 認為如果你這樣想，問自己： 1. 這想法是真的嗎？他真是對我視而不見？是否有可能是其他原因？ 2. 為什麼這種事不能發生呢？我沒有這樣對別人過嗎？ 3. 這想法對我身心有幫助嗎？ 4. 這想法幫助我得到我要的嗎？ 5. 這想法有助於我與別人的相處嗎？ 6. 這想法有幫助我得到我想要的感覺嗎？譬如說快樂。 或者：他是否有什麼事急需處理呢？ 再問問自己：你想要什麼樣的感覺？快樂？
E. 你可以怎麼做？	情緒上：要快樂。 行為上： 1. 暫時先忽略他：別人有權利做他們想要做的（或許他當時正好有急事處理）。 2. 找個比較好的時間、地點，再與他分享你當時的想法和感覺。 3. 可以的話，試著去關心別人（或其他有建設性可以讓自己快樂的事情上），因為施比受更有福。將焦點先轉移（憂鬱症患者就常常聚焦想法於讓自己不快樂的事情上）。

資料來源：修正自 Ellis 與 Dryden（1987）；Maultsby（1976）；Thompson 等人（2004）

參考文獻

中文部分

余民寧、劉育如、李仁豪（2008）。台灣憂鬱症量表的實用決斷分數編製報告。**教育研究與發展期刊，4**（4），231-258。

李昱、楊明仁、賴德仁、邱念睦、周騰達（2000）。台灣人憂鬱問卷之發展。**長庚醫學，23**（11），688-694。

李俊德（2013）。**中華民國生活調適愛心會：治療憂鬱症的十大妙方**。2013 年 5 月 18 日，取自 http://www.ilife.org.tw/Page_Show.asp? Page_ID=1485

林正祥、陳佩含、林惠生（2010）。台灣老人憂鬱狀態變化及其影響因子。**人口學刊，41**，67-109。

林怡君、余豎文、張宏哲（2004）。新店地區機構和非機構老人憂鬱情形及相關因素之調查。**台灣家庭醫學雜誌，14**（2），81-93。

張家銘（2004）。**EQ 殺手：認識憂鬱症**。2010 年 7 月 15 日，取自 http://www.cgmh.org.tw/intr/intr2/c3360/E_CCM(Depression).htm

張家銘（2006）。**正視憂鬱症所造成的社會經濟負擔**。2010 年 5 月 22 日，取自 http://www.cgmh.org.tw/intr/intr2/c3360/E_CCM(Depression_ec).htm

莊明哲（2012）。**憂鬱症——Depression**。美國加州聖地牙哥台灣同鄉會演講資料。2012 年 5 月 1 日，取自 http://www.taiwancenter.com/sdtca/articles/11-04/14.html

英文部分

American Psychiatric Association (2000). *Diagnostic and statistical manual of mental disorders* (4th ed. text revision). Washington, DC: Author.

American Psychiatric Association (2013). *Highlights of changes from DSM IV-TR to DSM-5.* http://www.dsm5.org/Documents/changes % 20from % 20dsm-iv-tr%20t o%20dsm-5.pdf.

Australia State of Victoria (2010). *Fact Sheet: Depression and aging* (pp. 1-4).

CDC (2011). *Depression statistics.* Retrieved July 15, 2013, from http://www. cdc.gov/mentalhealth/data_stats/depression.htm

Ellis, A., & Dryden, W. (1987). *The practice of rational emotive therapy.* New York, NY: Springer.

Heun, R., & Hein, S. (2004). Risk factors of major depression in the elderly. *European Psychiatry, 20,* 199-204.

Maultsby, M. (1976). *Rational welf-analysis format.* Lexington, KY: Center for Rational Behavior Therapy and Training, University of Kentucky.

Meller, I., Fichter, M. M., & Schropel, H. (1997). Risk factors and psychosocial consequences in depression of octo- and nonagenerians: Results of an epi-demiological study. *Eur Arch Psychiatry Clin Neurosci, 247*(5), 278-287.

Nolen-Hoeksema, S. (2001). Gender differences in depression. *Current Directions in Psychological Science, 10*(5), 173-176.

Pratt, L. A., & Brody, D. J. (2008). Depression in the United States household population, 2005-2006. *NCHS Data Brief, 7,* 1-8.

Royal College of Psychiatrists (2011). *Cognitive behavioral therapy (CBT).* Retrieved on April 2, 2011, from http://www.rcpsych.ac.uk/mentalhealthinfo-forall/treatments/cbt.aspx

Schoevers, R. A., Beekman, A. T., Deeg, D. J., Geerlings, M. I., Jonker, C., & van Tilburg, W. (2000). Risk factors for depression in later life: Results of a prospective community based study (AMSTEL). *Journal of Affect Disorders, 59*(2), 127-137.

Thompson, C., Rudolph, L. B., & Henderson, D. (2004). *Counseling children.* Belmont, CA: Brooks/Cole-Thomson Learning.

Thompson, L. W., Coon, D. W., Gallagher-Thompson, D., Sommer, B. R., & Koin, D. (2001). Comparison of desipramine and cognitive/behavioral therapy in the treatment of elderly outpatients with mild-to-moderate depress-ion. *American Journal of Psychiatry, 9*(3), 225-240.

World Health Organization [WHO] (2010). *Burden of mental and behavioural disorders: Some common disorders, depression.* Retrieved May 21, 2010, from http://www.who.int/whr/2001/chapter2/en/index4.html

第六講　失智症

隨著人口的老化，老年人罹患失智症的比率愈來愈多。及早發現、及早治療乃是預防失智症惡化的重要步驟。

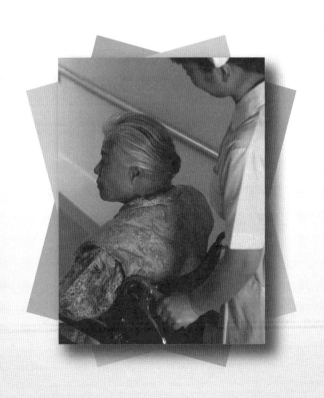

　　隨著人口的老化，老年人罹患失智症（dementia）的比率肯定愈來愈多（Doerflinger, 2007）。根據台灣失智症協會（2013）指出，2009 年 12 月底，台灣六十五歲以上老人人口為 2,457,648 人，占總人口的 10.63%，依失智症社區盛行率計算，社區中約有近十二萬（118,606）名失智老人，占老人人口的 4.8%。加上長照機構之三萬多名失智老人，以及六十五歲以下推估失智人口二萬多人，台灣總失智人口超過十七萬人。但是，雖然應該有這麼多人，可是同年底（2009）台灣老人身心障礙手冊申請人口中只有 28,639 人為失智症患者，顯示可能仍有許多失智患者被忽略而尚未就醫。圖 6-1 為台灣社區六十五歲以上老人失智占總人口之推估比率。其中 65～69 歲為 1.2%、70～74 歲為 2.2%、75～79 歲為 4.3%、80～84 歲為 8.4%、85～89 歲為 16.3%、90 歲以上為 30.9%）（台灣失智症協會，2013），由圖中可看出台灣住在社區中的失智症長輩是與日俱增

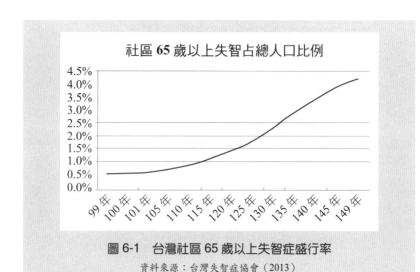

圖 6-1　台灣社區 65 歲以上失智症盛行率

資料來源：台灣失智症協會（2013）

的，這當然跟我們的壽命愈來愈長有關，即年齡愈高罹患失智症機率就愈大。

此外，根據 2005 年的調查，台灣住在機構中的長輩，失智症的比率要比住在社區中要高出許多，其資料顯示：安養機構 26.8%、養護機構 61.8%、護理之家 64.5%（Chen et al., 2007; 引自台灣失智症協會，2013）。

失智症的症狀不只有記憶力的減退，還會影響到其他認知功能，包括語言能力、空間感、計算力、判斷力、抽象思考能力、注意力等各方面的功能退化，同時可能出現干擾行為、個性改變、妄想或幻覺等症狀，這些症狀的嚴重程度足以影響其人際關係與工作能力，當然個人之獨立生活能力也將受到重大影響。

根據美國國家健康研究中心（National Institute of Health [NIH], 2010）指出，失智症是影響大腦功能的多種症狀的代名詞，重度失智症者連一般日常獨立生活都有問題，如吃飯、穿衣。有些患者失去問題解決的能力或情緒失控，有些個性改變了，如易怒或幻覺（指患者以為有人要傷害自己或偷東西等等）。通常，失智症者會有兩種（或兩種以上）大腦認知功能出現問題，如記憶加上語言。NIH還提到，雖然有些藥物被用來治療失智症，並得以減緩此疾病之發展，但到目前為止卻仍無法治癒此一疾病（即大腦認知功能無法恢復到發病前一樣的功能）。

在失智症的分類上，大致分為兩類：退化性（如阿茲海默氏症、額顳葉型失智症、路易氏體失智症）、血管性失智症（為腦血管疾病所引起的失智症）。其中阿茲海默氏症為 1906 年由德國 Alois Alzheimer 醫師發現，因此以其姓命名，是造成失智症最常見的一種

型別（約占 50～80%）。阿茲海默氏症常表現出的徵狀為記憶力喪失（如常常記不住事情或學習困難），加上其他的認知功能缺損（如判斷力變差、時間地點定向性變差、情緒變差、說話困難等），這些症狀想當然的會影響到我們每天日常生活；第二常見的為血管性失智症，約占 20～25%。但患者有時會存在兩種或兩種以上的病因，最常見的則是阿茲海默氏症與血管性失智症並存，又稱為混合型，此類病患約占 5～10%（台灣失智症協會，2013；劉景寬、戴志達、林瑞泰、賴秋蓮，2000；熱蘭遮失智症協會，2010；Alzheimer's Association, 2013a）。

　　美國家庭醫師協會（Family Physicians, 2010）提出了失智症十種常見症狀供大家參考，如果發現家裡的長輩出現了下列所列的十大警訊時，建議應該立即尋求專業的家庭醫學科，或神經內科、精神科醫師進行完整的檢查和診斷。

1. 短期記憶喪失：記憶的喪失是常見的症狀，對於最近所學的事情常記不起來。失智症的早期症狀是記憶力衰退，這種短期的、最近的近期記憶力衰退，但是對於以前事情的長期記憶力都記得很清楚。其他如忘記重要的約會或其他事情，一遍又一遍的問同樣的事情，或開始依賴各種的記憶輔助工具（以前不需要就可以記起來的）等。但是如果偶爾忘記、等一下又可以記起來就屬正常。

2. 以前常做的事情現在忘記怎麼做了，如建築師不會畫設計圖，水電工不會做簡單的電器維修了，皆屬之。

3. 言語溝通有困難：有些字句說不出來，或話說到一半就停下來了，或經常重複說一些已說過的話而不自覺。

4. 時間、空間無法定向：不知道目前季節或日期，或在自家附近社

區都會迷路。

5. 判斷力差：譬如在寒冷冬天不知道出門要加一件衣服。

6. 抽象思考出問題：如帳簿上的數字不知道它的意義，或不知道該做合適場合的打扮。

7. 東西擺放錯亂：一般人偶爾會任意放置物品，但失智症患者更頻繁，將物品放在非習慣性或不恰當的位置，譬如將手錶放在糖罐裡。

8. 心情變換大：失智症患者情緒變化快，如原本安靜的情緒可以突然掉起眼淚又突然的生氣起來。

9. 個性改變：不管在哪裡，可能突然疑心病重或無端憂鬱、焦慮起來。

10.失去主動去做事的能力：對於事情提不起勁，不想去任何地方或看朋友。

　　美國國家神經疾病及中風管制中心（National Institute of Neuro-logical Disorders and Stroke [NINDS], 2012）認為記憶力的喪失是常見的失智者症狀之一，失智症除了由不可逆之病因：如阿茲海默氏症、額顳葉型失智症、路易氏體失智症及血管性失智症造成外，其造成的原因也可以是可逆性（reversible）（有機會恢復）病因：諸如藥物之副作用、過量酒精飲用、新陳代謝或內分泌系統問題，營養不良、感染、中毒、腦瘤或心肺系統出問題等。國內也有醫師指出，代謝症候群不僅會提高得到心血管和腦血管疾病危險，同時也會加速中老年人智能退化的速度以及增加得到失智症的機會（王培寧、李明濱，2009）。雖然老年人有可能得到失智症（尤其愈年長機率愈高），但這並非是正常的老化現象之一。以下簡單介紹幾種

常見類型的失智症：

一、退化性失智症

（一）阿茲海默氏症

　　退化性失智症為造成失智症的最主要原因，而其中阿茲海默氏症是一種最常見（約占 50～80%）的晚年失智症，也是一種退化性且相當嚴重的腦部疾病。這種疾病會摧毀腦細胞造成喪失記憶力，而且還會嚴重到無法工作、社交及影響到日常的生活習慣。它的主要臨床症狀包括短期記憶力減退、重複發問（Alzheimer's Association, 2010）。一般而言，這種疾病將不會隨時間而好轉，甚至還會致命，它目前被列為美國第七大致命原因，而且還是健康照護最耗費社會經濟資源的疾病（Alzheimer's Disease International, 2007）。然而根據美國阿茲海默氏協會資料（Alzheimer's Association, 2013b），阿茲海默氏症已經被列為美國第六大致命原因，更麻煩的是該疾病是所有前十大死因中唯一無法治癒的疾病。而且該資料指出其他主要致命疾病人數皆減少中，但阿茲海默氏症病人人數卻是不斷增加中。根據他們的推估，美國老人三人中就有一人死於阿茲海默氏症或其他類型的失智症。根據黃錦章（2009）醫師指出：「在國外失智症老人由診斷到死亡時間大約有十年左右……在台灣，以前都認為失智症是一種自然老化的過程，較少積極的治療，加上老年長期照護醫療網未完全建立，醫療照護的缺乏或延誤就醫，造成國人的死亡率或併發症偏高。」

　　失智症腦部神經細胞受到破壞，醫師透過電腦斷層及核磁共振判斷，最常見的阿茲海默氏症初期以侵犯海馬迴為主，患者往生後

常可發現腦部異常老年斑及神經纖維纏結。美國前總統雷根即罹患此症，臨床病程約八至十年（台灣失智症協會，2013）。

　　阿茲海默氏症患者的腦部組織與正常的腦部不同（Alzheimer's Association, 2010）。根據阿茲海默氏協會資料，科學家們從顯微鏡中觀察腦部組織，發現了有關阿茲海默氏症的驚人現象：

- 患者的腦部組織與正常的腦部相比，神經細胞及神經突觸數目遽減。
- 產生斑塊（plaques）：斑塊是產生於神經元之間的不正常蛋白質。
- 神經纖維纏結（tangles）現象：該現象是由一串串不規則的蛋白質在細胞內組合而成。

　　科學家至今仍不能肯定是什麼因素導致患有阿茲海默氏症的腦細胞死亡和腦組織流失，但相信與腦內的斑塊及壞死神經纖維纏結有莫大的關聯。

　　根據阿茲海默氏協會推廣資料，患者腦內的斑塊和神經纖維纏結（如圖 6-2 所示），會以一個可預估的形式逐漸擴散到不同的皮質區，也就是說隨著時間拉長，失智情況將愈來愈嚴重。

　　病情的發展因不同的因素而有很大的不同，如接受治療時腦細胞病變情形、是否接受治療、照顧品質（耐心、彈性等）、環境因素（噪音、刺眼光線等）。雖然文獻上有部分差異，一般而言，患者的平均壽命約為八年，但亦有患者存活到二十年之久。這種疾病的發展速度跟診斷時的年齡，及患者當時的身體健康情況亦有關係。

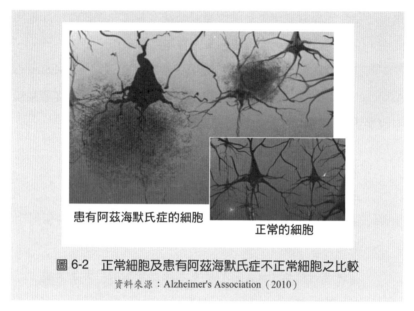

患有阿茲海默氏症的細胞

正常的細胞

圖6-2　正常細胞及患有阿茲海默氏症不正常細胞之比較

資料來源：Alzheimer's Association（2010）

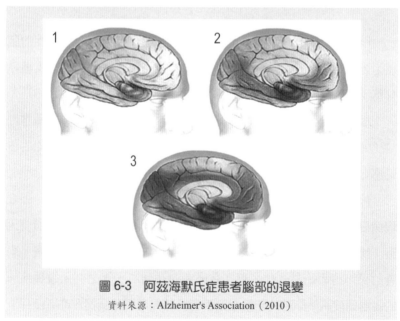

圖6-3　阿茲海默氏症患者腦部的退變

資料來源：Alzheimer's Association（2010）

　　圖 6-3 為大腦神經的斑塊與纏結隨病情惡化而擴展的情形（如深色陰影區域）：

1. 早期阿茲海默氏症（如圖 6-3 左上）：腦部的退化可能在二十年或更早以前已經開始。

2. 輕度至中度阿茲海默氏症（如圖 6-3 右上）：大部分患者能存活二至十年。

3. 重度阿茲海默氏症（圖 6-3 下半部）：大部分患者大約存活一至五年。

　　圖 6-4 顯示一般失智症的進程，失智症前十餘年大腦即有些微的類澱粉斑塊（beta amyloid）沉積異常或神經纖維纏結，但無明確臨床症狀（第一階段），此時確診有困難，漸漸進展到輕度認知功能缺損（第二階段），最後發展到失智症（第三階段）。

（二）額顳葉失智症

　　白明奇醫師（1998）認為額顳葉失智症（frontotemporal dementia, FTD）：

　　　　源於部分非阿茲海默氏症之失智患者（dementia of non-Alzheimer type），其臨床表現以額葉功能退化為主，結構性與功能性影像檢查以及神經心理測驗也顯示額葉萎縮與功能退化，FTD於臨床上之觀察顯現出大腦功能退化以前額葉功能敗壞為主，例如個性改變、社會禮儀敗壞、不知變通，而記憶力之退化相較於前述功能退化，則稍晚出現，其發生率遠低於阿茲海默氏症。

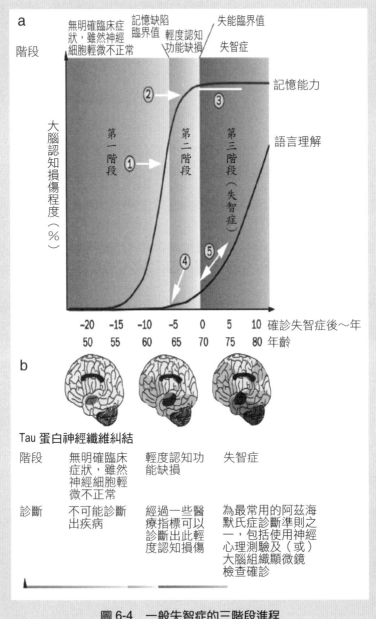

圖 6-4 一般失智症的三階段進程

資料來源：Frisoni、Fox、Jack、Scheltens 與 Thompson（2010）

Chatterjee、Strauss、Smyth 與 Whitehouse（1992）即曾針對失智症患者的個性變化做研究。研究者將問卷給失智症家屬，並觀察病患的個性改變，發現失智症患者改變較大的有：較多的神經質（neuroticism）、較少的外向性（extraversion），及較少的勤勉審慎性（conscientiousness）。改變較少（但仍有改變）的有：較少的友善性（agreeableness）及經驗開放性（openness）。

（三）路易氏體失智症

路易氏體失智症（dementia with Lewy bodies, DLB）為第二常見的退化性失智症，特性為除了認知功能障礙外，在早期就可能會伴隨著類似巴金森氏症的身體僵硬、手抖、走路不穩、重複的無法解釋的跌倒現象（台灣失智症協會，2012）。當巴金森氏失智症患者同時患有 DLB 時，此病名稱為巴金森氏症合併失智症（Parkinson disease with dementia），或為路易氏體失智症（Crystal, 2012）。

二、血管性失智症

血管性失智症是因腦中風或慢性腦血管病變，造成腦部血液循環不良，導致腦細胞死亡造成智力減退，為造成失智症的第二大原因（約占 15%）。一般有中風後血管性失智症、小血管性失智症。中風之病人若存活下來，約有 5%的病人會有失智症狀，追蹤五年，得失智症的機會約 25%。此失智症的特性是認知功能突然惡化、有起伏現象、呈階梯狀退化，早期常出現動作緩慢、反應遲緩、步態不穩與精神症狀（台灣失智症協會，2013）。倘若腦血管經過多次的病變，例如經歷腦中風、血管阻塞、血管破裂等，演變成血管性失智症的機率就大（林育德，2009）。

對於失智症者之照顧

　　失智症患者由於有多種不同上述提及之徵狀，所以在照顧上須特別留意。葉瓊嬋、林盈岑、范翠芸、史雅云與熊曉芳（2010）提到，失智症者之照顧宜注意到以下幾點：

1. **行為處置方面**：使用合適的溝通技巧，如單一指令，並避免要求其做出複雜的行為，忽視其躁動行為並給予正向回饋。
2. **音樂療法**：音樂可使病患放鬆，減少腦部釋放出混亂波形，並使人感到愉快（Levin, 1998）。
3. **社會活動**：鼓勵病患多與人接觸，使其維持基本社交能力。
4. **寵物療法**：與寵物互動可增加患者情緒表達機會，並增加其正向情緒產生的機會。
5. **周遭環境**：玻璃、鏡子等之反射現象，容易造成病患產生幻覺並造成不安，故應該減少裝設，此外，在其居住房間置放其熟悉物品增加其認同感，即所謂懷舊情境安排。（葉瓊嬋等人，2010）

　　此外，在照顧上，石惠真、李明憲、林祝君、李浩銘與宋惠娟（2009）發現，聆聽愉悅且熟悉的音樂對社區失智症老人在進食問題上有不錯的成效。此研究共有十一位社區失智症老人，在家中於每天晚餐時間，接受經由受訓的主要照顧者提供聆聽愉悅熟悉音樂

的措施，每天一小時，連續施行四週。研究結果發現，音樂聆聽措施可協助改善失智老人的進食問題及營養狀況。由於音樂聆聽為不具侵入性且經濟方便的輔助措施，所以值得更多的學者投入此領域以關懷這類型的老人。本書第四講「老人情緒管理與壓力調適」也曾提到國外神經科醫師 Sacks 的觀察——音樂對於改善長輩之精神情緒有助益。兩者一起觀之，可以得知熟悉的音樂對於長輩身心狀況是很有助益的。

輕度知能障礙

台大醫院陳達夫醫師（2010）指出，失智老人病程可延宕數年，隨著病情逐漸惡化，需要投注大量的醫療資源、人力及收容機構處理。以美國老人 5% 的盛行率計算，平均每年要支出一千億美元。因此，早期發現病患並加以治療，不但病患病情可得到緩解，亦可為國家財政減輕負擔。

陳達夫（2010）提到，輕度知能障礙（mild cognitive impairment, MCI）這個名詞最早見於Reisberg 等人所研發的《老人整體退化評估量表》（Global Deterioration Scale, GDS）之第三級變化，這一級病患面臨較為複雜的工作任務或社會環境下會有問題，但一般簡單之日常生活並無影響。MCI 情況在認知功能的表現約相當於CDR（clinical dementia rating，臨床認知評量）＝ 0.5（註：CDR 分數從 0～3 分，0 分為正常人的分數，3 分代表認知功能、社區活動能力、家居嗜好或自我照顧能力有嚴重障礙或嚴重不足）。此外，邱銘章（2007）提出其診斷標準為：(1)記憶功能在正常人的一個標

準差以下；(2)一般日常功能還可進行；(3)一般智力功能正常；(4)排除失智症（參考 Petersen, Smith, & Waring, 1999）。

　　初期的認知功能損害，通常是出現在記憶力減退方面，然而其他的生活功能則是正常的。且由於其症狀輕微，連經常被使用的《簡易智能量表》（Mini Mental State Examination, MMSE）也不易偵測出來（Roark, Hosom, Mitchell, & Kaye, 2007）。其原因通常是MMSE本身的「天花板效應」（ceiling effect，即指評量工具之高分範圍不夠大，導致多人的分數集中在頂端），這就會常使得受高教育程度者的退化情形較難區分出來，故影響其準確性。Dong 等人（2012）比較 MMSE 與《蒙特利爾認知評量》（Montreal Cognitive Assessment, MoCA），發現在偵測 MCI 這種失智症高危險群時，MoCA 為較具準確度之工具（具較高之敏感度及特異性）。

　　雖然 MCI 是未來罹患失智症的重要危險因子，但卻不一定會發展到失智症。例如美國研究發現，每年正常人隨後罹患失智症的比例為 1～2%，但是經由 MCI 而後罹患失智症者卻是 10～15%，相差約 10 倍之多（Petersen, 2004）。另一群美國研究者（Plassman et al., 2008）發現在 2002 年時，美國約有 22.2% 的七十一歲以上老人有輕度知能障礙情形，在這些人當中，有 11.7% 的人隨後（16 至 18 個月）即被診斷為失智症。他們的結論認為，罹患輕度知能障礙者的人數多過於失智症者。楊淵韓、李明濱與劉景寬（2009）針對台灣六十五歲以上老人的研究發現，MCI 的人口約為 10.2% 左右。但隨著年齡智能增長，其比率則有上升的趨勢，如七十五歲以上的老年人口其 MCI 族群所占的比率高達 13.01%。美國著名的明尼蘇達州醫院馬約診所（Mayo Clinics）一群學者（Petersen et al., 2010）發現

除了年齡增長容易有MCI情形外，其他因素諸如性別（男性）、那些從未結過婚者，以及某些特定類型（如基因型態 apolipoprotein E4）都是高危險群者。

楊淵韓等人（2009）提到：

　　就失智症者服用乙醯膽鹼酯□抑制劑，而臨床上沒有顯著進步的阿茲海默氏失智症病人而言，其無進步甚至退步的原因有很多，其中一項有可能是因為病人被診斷出來時，即使病人是臨床失智症分期的輕度（clinical dementia rating，CDR=1）或中度（CDR=2），然而其腦部被破壞的程度已相當嚴重，因此治療的效果不會十分良好。若能在阿茲海默氏失智症的極早期（CDR=0.5）就將疾病診斷出來，甚至此時給予治療，在目前的研究顯示，如此的治療效果相對的比較好，病人或家屬也更受惠……。因此早期診斷，甚至是臨床前期的失智症診斷，在治療上有其重要性與必需性（頁8）。

楊淵韓等人（2009）鼓勵一般民眾也可藉由簡單篩檢工具自我檢測（例如 AD-8 極早期失智症篩檢量表），以使得長輩們提高極早期失智症的檢測率，因而使更多的病人能夠更早受惠與被治療。

失智症會遺傳嗎？

這是家屬最關心的問題。一般而言，罹患失智症的年齡是六十

五歲以上，但有些人四、五十多歲就罹患失智症（一般稱之早發性失智症），這些人家族遺傳的機會就比較高。林育德（2009）認為：

> 早發性失智症的患者，大腦會退化得很厲害，約有5～10%有遺傳性，這些病患大多較早發病，惡化速度較快，容易出現幻覺或妄想的精神症狀；至於七、八十歲才得到失智症的患者，也不排除有遺傳性的可能。有一個遺傳基因叫做 ApoE-4，擁有該基因的遺傳機率比較大，如果七、八十歲才得到失智症者，家族的遺傳相對就較小，四、五十多歲就得到失智症，家族遺傳的機會就比較高。

失智症是很多人都害怕得到的疾病。根據美國參議院的一份報告指出（Special Committee on Aging United States Senate, 2011），失智症是美國各年齡層老人最害怕的疾病（44% 相對於癌症的33%），也是老年人當中最想避免的疾病（56%）。但是連貴為美國總統及英國首相都難以倖免，我們當然都得盡量多多從事一些能夠降低罹患該病機率之活動。醫師、家人或長輩主要照顧者，對於老人多一分敏感性的生活觀察，是老人學的學者們很強調的健康保健重點。及早發現、及早治療是預防失智症惡化的重要步驟。下一章節提供了一些研究上有效促進認知功能的活動供讀者參考。

參考文獻

中文部分

王培寧、李明濱（2009）。代謝症候群與失智症。**台灣醫界，52**（12），11-13。

台灣失智症協會（2012）。**認識失智症**。2012 年 6 月 5 日，取自 http://www.tada2002.org.tw/tada_know_02.html

台灣失智症協會（2013）。**失智人口知多少**？2013 年 5 月 12 日，取自 http://www.tada2002.org.tw/tada_know_02.html

白明奇（1998）。額顳葉失智症：神經心理測驗、磁振造影與單光子放射電腦斷層掃描個案研究。**慈濟醫學雜誌，10**（1），69-75。

石惠真、李明憲、林祝君、李浩銘、宋惠娟（2009）。聆聽愉悅熟悉音樂對社區失智症老人進食問題的成效。**長期照護雜誌，13**（3），305-323。

林育德（2009）。**妙心成長教育講座：失智症的診斷及治療**。2012 年 9 月 21 日，取自 http://webcache.googleusercontent.com/search?q=cache:XRjI7djb6uUJ:www.mst.org.tw/magazine/magazinep/spc-rep

陳達夫（2010）。**失智症篇：輕度知能障礙**。2010 年 10 月 12 日，取自 http://www.ntuh.gov.tw/neur/

黃錦章（2009）。失智症簡介。**長庚醫訊，30**（9），293-295。

楊淵韓、李明濱、劉景寬（2009）。極早期阿茲海默氏失智症之篩檢。**台灣醫界，52**（9），8-10。

葉瑗嬅、林盈岑、范翠芸、史雅云、張雅惠、熊曉芳（2010）。失智症之安養式照護：以美國經驗為例。**長庚科技學刊，12**，27-35。

劉景寬、戴志達、林瑞泰、賴秋蓮（2000）。台灣失智症的流行病學。**應用心理研究，7**，157-169。

熱蘭遮失智症協會（2010）。**失智症是什麼**？2010 年 10 月 2 日，取自 http://www.zda.org.tw/index.php?option=com_content&view=category&layout=blog&id=15&Itemid=29

英文部分

Alzheimer's Association (2010). *Alzheimer's brain tour*. Retrieved October 10, 2010, from http://www.alz.org/brain_chinese

Alzheimer's Association (2013a). *What is Alzheimer's?* Retrieved April 30, 2013, from http://www.alz.org/alzheimers_disease_what_is_alzheimers.asp

Alzheimer's Association (2013b). *Alzheimer's facts and figures*. Retrived May 19, 2013, from http://www.alz.org/alzheimers_disease_facts_and_figures. asp#mortality

Alzheimer's Disease International (2007). *Media quick facts: The global impact of dementia*. London, UK: Author; 1997-2007. Updated December 15, 2005. Retrieved July 25, 2007, from http://www.alz.co.uk/media/dementia. html

Chatterjee, A., Strauss, M. E., Smyth, K. A., & Whitehouse, P. J. (1992). Personality changes in Alzheimer's disease. *Archive of Neurology, 49*(5), 486-491. doi:10.1001/archneur.1992.00530290070014

Chen, T. F., Chiu, M. J., Tang, L. Y., Chiu, Y. H., Chang, S. F., Su, C. L., ... Chen, R. C. (2007). Institution type-dependent high prevalence of dementia in long-term care units. *Neuroepidemiology, 28*, 142-149.

Crystal, H. A. (2012). *Dementia with Lewy bodies*. Retrieved June 5, 2012, from http://emedicine.medscape.com/article/1135041-overview

Doerflinger, D. M. C. (2007). The mini-cog: Simplify the identification of cognitive impairment with this easy-to-use tool. *AJN, 107*(12), 62-71.

Dong, Y., Lee, W. Y., Basri, N. A., Collinson, S. L., Merchant, R. A., Venketasubramanian, N., & Chen, C. L. (2012). The Montreal Cognitive Assessment is superior to the Mini-Mental State Examination in detecting patients at higher risk of dementia. *International Psychogeriatry, 24*(11), 1749-1755. doi: 10.1017/S1041610212001068

Family Physicians (2010). *Dementia: Warning signs*. Retrieved October 6, 2010, from http://familydoctor.org/online/famdocen/home/seniors/mental-health/

662.html

Frisoni, G. B., Fox, N. C., Jack, C. R., Scheltens, P., & Thompson, P. M. (2010). The clinical use of structural MRI in Alzheimer disease. *Nature Reviews Neurology, 6*(2), 67-77.

Levin, Y. I. (1998). Brain music in the treatment of payients with insomnia. *Neuroscience & Behavioral Physiology, 28*(3), 330-335.

National Institute of Neurological Disorders and Stroke [NINDS]. (2012, July 5). *Dementia: Hope through research.* Retrieved from http://www.ninds.nih.gov/disorders/dementias/detail_dementia.htm

National Institute of Health [NIH] (2010). *Health topic: Dementia.* Retrieved May 5, 2012, from http://www.nlm.nih.gov/medlineplus/dementia.html

Petersen, R. C. (2004). Mild cognitive impairment as a diagnostic entity. *Journal of Internal Medicine, 256*, 183-194.

Petersen, R. C., Roberts, R. O., Knopman, D. S., Geda, Y. E., Cha, R. H., Pankratz, V. S., & Rocca, W. A. (2010). Prevalence of mild cognitive impairment is higher in men. *The Mayo Clinic Study: Neurology, 75*, 889-897.

Petersen, R. C., Smith, G. E., & Waring, S. C. (1999). Mild cognitive impairment: Clinical characterization and outcome. *Archive of Neurology, 56*, 303-308.

Plassman, B. L., Langa, K. M., Fisher, G. G., Heeringa, S. G., Weir, D. R., Ofstedal, M. B., & Wallace, R. B. (2008). Prevalence of cognitive impairment without dementia in the United States. *Annals of Internal Medicine, 148*(6), 427-434.

Roark, B., Hosom, J. P., Mitchell, M., & Kaye, J. A. (2007). *Automatically derived spoken language markers for detecting mild cognitive impairment.* In Proceedings of the 2nd International Conference on Technology and Aging (ICTΑ), Toronto, Canada.

Special Committee on Aging United States Senate (2011). *Alzheimer's disease and dementia: A comparison of international approaches.* Retrieved May 19, 2013, from http://www.aging.senate.gov/reports/rpt2012.pdf

老人認知功能

第七講

世界各國政府及學界對老人認知能力的議題日益關注。國人應多了解認知方面的科學研究新知，並早期篩檢治療，多從事健康活動、注意飲食，以有助於早期的認知功能老化之緩減，減少相關疾病的發生。

　　我們每天的食衣住行活動都需要有大腦認知功能的協助，如對經過事情的記憶、判斷、工作如何完成，或玩樂旅遊等身心享受活動的取捨，認知功能都扮演著重要的角色。以吃的方面為例，譬如今天午餐想吃什麼？在哪兒吃？花多少錢買食材？吃貴一些的餐點會不會造成財務上的透支等，這些決定需要認知能力，包括記憶能力、判斷力、語言、方向感等能力的協助。這些能力對我們生活是非常重要的，所以，世界各國政府及學界對老人認知能力此議題也已給予愈來愈多的關注。影藝界近些年也拍攝了一些與老人認知功能有關的電影，如日本電影《明日的記憶》，又如台北天主教老人失智基金會拍攝《被遺忘的時光》，記錄失智中心內六位老人與家庭的悲喜故事。兩部電影都隱隱呼籲社會各界，對於認知功能嚴重損傷的失智症患者應給予更多的關心。醫界及學界也呼籲民眾多多了解認知方面的科學研究新知，並盡可能早期篩檢及治療（楊淵韓、李明濱、劉景寬，2009；Lee, Hsiao, & Wang, 2013），或從事一些活動及注意飲食，應該有助於早期的認知功能老化之減緩，減少相關疾病的發生率。以下各段落就認知功能相關因素做介紹。

🍁 由認知功能評量看認知能力包括的向度

　　阿茲海默氏症聯合規範登錄研究組織（Consortium to Establish a Registry for Alzheimer's Disease, CERAD）發展出的一套《認知功能障礙篩檢表》（Cognitive Abilities Screening Instrument, CASI）為篩檢失智症患者的有效工具，由這個篩檢量表來看認知功能包含哪些向度應該是很有效度的。他們檢測的十項認知功能包括：長期記憶

（long term memory）、短期記憶（short term memory）、定向感（orientation）、注意力（attention）、心智操作和集中力（mental manupulatation/concentration）、語言流利度（list-generating fluency）、語言能力（language）、抽象思考能力（abstraction）、判斷力（judgement）和繪圖能力（drawing）（Teng et al., 1994）。此外，有些美國認知功能訓練遊戲軟體公司設計了增進認知功能（或減緩認知退化）的電腦軟體遊戲，其內容大抵包括五向度認知促進：大腦處理資訊的速度（如先後顯示數種不同圖形，受試者記住目前出現圖形，與上一個圖形相同則在「相同」處按一下，若不同則在「不同」處按一下，反應愈快分數愈高）、記憶（如人名或日常事務）、問題解決能力（如加減乘除運算）、彈性（如出現三個英文字母 fur-，受試者則將所有可能的後續字母填入，使其成為一個有意義的單字）及注意力（如五隻候鳥一起飛行，每一隻長得很像，請受試者注意這些鳥中間有一隻的飛行方向不同，然後按一下符合該鳥飛行方向的「方向鍵」）（詳參 Lumosity, 2012）。由於該公司宣稱與史丹佛大學、哈佛大學及哥倫比亞大學等世界著名大學有合作關係，所以他們的認知功能包含的五個向度堪稱有一定的理論基礎。另一家電腦軟體公司 Posit Science（該公司網址：www.posit-science.com）研發的軟體包含六個向度的訓練，包括記憶、注意力、智能、人名臉部配對技能、資訊處理速度、空間旅遊（此面向之軟體正開發中，尚未正式供客戶使用）。此公司之軟體常被學界拿來做為探討認知能力是否能經由刺激得到促進〔如加州大學舊金山分校的學者 Barnes 等人（2009）〕。不同學者間對於一個概念（譬如這裡說的認知概念）常有不同看法，這是可以理解的。這道

理就如同人格理論學者對於人格也有多種不一樣的看法一般。所以，以上所提到的認知向度都可以算是認知功能的一部分。

認知理論之於老人

認知理論較常研究對象皆為六十五歲以下族群，這裡我們簡介兩個認知理論對於老人認知功能的看法。

一、資訊處理理論

這一個學派的學者認為我們對於外界的訊息處理如同電腦處理資訊一般，此資訊處理理論（information processing theory）探討人類憑著感官接受訊息、儲存訊息及處理運用訊息的內在心理活動（Atkinson & Shiffrin, 1968）。根據此一理論，研究者常發現隨著年齡的增長，我們對於外界刺激物（知覺到）及對其反應的時間（大腦處理）的速度變慢了，此即所謂的心理肢體動作速度（psychomotor speed）減緩。

例如 Salthouse（1996）根據此一理論，提出一般緩慢假說（general slowing hypothesis），他認為中樞神經系統的訊息處理功能會隨著老化而反應時間變長（慢），類似的老化複雜假設說（age-complexity hypothesis）提出，當大腦需要處理的任務變複雜時，老化的神經系統與年輕人相比，其所出現的差異將更為顯著（Whitbourne, 2008）。根據 Whitbourne 的研究，年輕人處理簡單資訊時，花費 500ms（微秒）任務，這時老人處理這些資訊所花費的時間與年輕人差不多；但是，當年輕人處理較複雜資訊花愈多時間，相對的，老人處理該複雜資訊將更為沒效率。

二、認知負荷理論

認知負荷理論（cognitive load theory, CLT）最早由 Sweller（1988, 1994）所提出，他認為個體從事特定任務時，其大腦認知有一定程度之負荷量。老人由於短期記憶之衰退，而在三方面影響其學習（van Gerven, Paas, van Merriënboe, & Schmidt, 2002）：(1)短期記憶能力衰退，導致較少的資訊被進一步處理，影響其理解能力；(2)整體資訊處理的速度降低；(3)對於不相關資訊的抑制能力降低，尤其是面對複雜任務時更加明顯。所以，如果能針對老人短期記憶之退化發展出一套記憶訓練策略，這對於老人老化過程之記憶衰退方面當然是相當有助益的。

如何最適化的使用我們的短期記憶呢？認知負荷理論的學者認為，當我們最大化我們的大腦運作於學習過程，最小化於學習不相關事務時，短期記憶空間之使用率最好。CLT 學者曾經訓練老人（及青少年）發現，若能降低外在的認知負荷（extraneous cognitive load）將有助於增進認知能力，進而讓老人早一步獲得所需從事任務的「認知基模」（所謂基模，簡單的說是一種存在大腦裡的知識／經驗架構），這就能有效的降低任務的複雜度對老人的（認知處理緩慢）影響力（van Gerven et al., 2002）。他們研究認為，如果事前提供老人一些任務相關的任務實例（worked examples）練習，將有助於其處理學習任務時之表現，即縮短完成任務時所需的時間。學者 Lewis（2005）發展的一套任務實例利用電腦動畫輔助學習，提供了另一種學習輔助之參考，或許對高齡者會有助益。

認知衰退對老人生活的影響

　　某些認知能力的衰退是否影響我們日常生活？當然不免會有影響，例如我們年輕時可以一邊聽音樂一邊看書，老年時就比較難在同一時間做多種工作；一個朋友或餐廳的名字好像已經到嘴邊了卻常說不出來（有些中年人好像也有類似狀況，老年人當然更是普遍）。或許這種情況對於各級學校年紀較大的教師可能更是明顯常見，因為面對這麼多的學生，常常很辛苦的想記住同學名字，但總事與願違，挫折感就難免油然而生。

　　長輩們面對情境加以處理的認知反應時間增加是正常現象，而其相當受到關注的對應面向就是老年人開車的問題。由於老年人開車的反應變慢，有些人就會擔心是否容易引起危險。國內交通部運輸研究所曾製作「高齡駕駛自我健康評估檢表」並加強宣導老人開車事宜，提醒健康出現警訊的老人能夠不開車。該研究所運輸安全組組長張開國表示，國外的政策經驗是可以參考，例如日本就鼓勵老人主動將駕照繳回，但由於各國文化不同，這種政策是不是適合國內目前尚無研究結果，也許國內適合採取強制的（年齡）管制作為也是一種選項（許志煌，2011）。新北市目前試辦鼓勵七十歲以上老人繳回駕照可以換悠遊卡。國外相關研究譬如美國高速公路安全局指出，特定族群年輕人的肇事比率要比老年人來得高，特別是那些十來歲的年輕開車者（美國十六歲即可請領駕照）（Whitbourne, 2008）。美國德州大學休士頓醫學中心教授 Young（2011）認為，不讓老人開車將影響其生活品質及危害他們的心理健康。不過，她認為當長輩出現下列開車徵兆時就是（不合適開車）警訊：

1. 短距離卻開很長時間。

2. 未遵守交通規則。

3. 開車忘了目的地。

4. 常擦撞車道邊緣。

5. 開車時生氣或焦躁。

　　她同時建議老年人開車盡量：

1. 開短途。

2. 開到熟悉的地方。

3. 天氣差時避免開車。

4. 給予長輩一張親朋好友可以當司機（可代勞）的名單。

　　筆者認為，若能開發一套老人認知評估系統，當可以很有科學性的說出老人開車的危險程度，以避免憾事發生。這又產生了一個問題：當評量結果分數太差時，是否可以藉由訓練改變？衡諸目前國外認知訓練文獻，這是可以做到的。這也應該是今後學界很有潛力且值得發展的一個領域。

🍁 注意力

　　注意力是認知功能中重要的一環，前述的大腦訊息處理系統中，若我們的注意能力有缺陷，對於所需的資訊就無法加以進一步的儲存或處理，如此我們將很難處理我們日常生活事物，所訂的生活目標也將很難達成。所以外界環境的資訊得到我們感官的注意是我們得以「學習」的第一步。

　　然而，老化會不會促使我們對外界刺激的注意力變得比較差？

抑制缺陷理論（inhibitory deficit hypothesis）的學者認為，老化的過程讓我們在注意力方面的專注或所謂的自我控制能力受到了限制（Hasher, Zacks, & May, 1999）。此一假說的立論為，老人較難對於外界的刺激不去注意它（也就是外界的刺激容易干擾或降低老人的專注力）。有一說法是老人的注意力缺陷是由於他們的大腦前額葉部分缺陷所致（West & Schwarb, 2006）。義大利學者 Inzitari、Baldereschi、Antonio 與 Mauro（2007）關於認知能力與肢體活動的相關性研究結果顯示，老人注意力的缺陷可以顯著的預測他們三年後肢體活動的能力。也就是那些注意力差的老人，三年後他們的身體活動能力也顯著的變差了（相較於三年前注意力好的老人）。他們所謂的肢體活動能力包括：不用手扶椅子可以使用兩隻腳站立的時間（以兩秒鐘為界線）；十秒鐘可以爬的階梯數；五公分寬的線內直線走路；單腳站立的時間；及走五公尺距離的速度（以平常走路的速度）等。這是個相當有意義的研究，或許此研究可以延伸到防止老人跌倒方面的領域。此一研究使用的注意力評量工具為《數字刪除評量測驗》（Digit Cancellation Test），該測驗內容詳參第八講。

記憶力

　　老人的記憶力變差是一項常被他們所抱怨的事情之一。常被提到的可能原因有：(1)老人的訊息處理速度慢（decreased speed of mental processing）：由於分心及部分神經細胞老化或死亡，導致處理資訊變慢；(2)受限的注意力空間去做認知處理（depletion of attentional resources available for cognitive processing）：大腦老化後很難同時處理多項資訊；(3)無效率的認知抑制能力（less efficient at inhibiting partially activated representations）：容易分心去注意外在資訊；(4)認知處理執行能力之受損（executive control of cognitive processing）：該能力為前述(2)及(3)之混合。部分已在前面討論過，其他部分有興趣的讀者可自行參閱 Kester、Benjamin、Castel 與 Craik（2002）。

情節記憶

　　剛剛發生或經歷過的事情我們是否還能記得，這就是所謂的情節記憶（episodic memory）。這記憶包括不同階段：注意資訊、記錄於短期記憶，及輸入長期記憶（以便未來使用時提取它）（de Jager, 2010）。這種情節記憶之喪失是正常老化的徵兆，根據牛津大學資深研究員 de Jager 的說法，這有可能起因於神經細胞的纏結或死亡，導致神經訊號的傳導緩慢，所以老化對於資訊的記憶或提取自然變慢。但如果剛剛發生的事情持續的記不起來，或影響我們的日常生活功能，則可能有需要到醫院檢查是否認知功能出現問題。de Jager 介紹了一個簡單自我記憶評量：

　　列出十個單字（不同類型），練習記住這些字三次之後，測試自己還能記住幾個字？一般，六十歲以上長者可以記住七個單字，如果你只能記住四個單字，那你的記憶力可能出現問題。

🍁 記憶抱怨

de Jager（2010）還提到，記憶抱怨也是一個值得注意的老人心智健康問題。其他學者提到，老人的記憶抱怨可能可以預測未來罹患失智症的機率（Abdulrab & Heun, 2008; Geerlings, Jonker, Bouter, Ader, & Schmand, 1999）。Lee 等人（2013）研究結果認為，中年人（34～65 歲）適度的中等休閒身體活動，可以有效減少記憶抱怨的問題。愈來愈多學者提到，防止老年認知衰退的問題應該從中年就開始保養，這個訊息值得大眾參考。

老人常抱怨記性變差、忘東忘西，這是認知功能變差的徵兆嗎？

研究指出，老人對於認知功能（尤其是記憶衰退）的抱怨，常常是預測未來失智症的有用「工具」。尤其在失智前期患者，通常都有一定程度知覺到自己的記憶能力開始衰退（Reisberg, Gordon, & McCarthy, 1985）。幾位荷蘭的精神科醫師 Geerlings 等人（1999；亦參考 Schmand、Jonker、Hooijer 與 Lindeboom 1996）在《美國精神科醫學》期刊研究論文指出，那些參與他們研究的老人們抱怨記憶狀態不佳者，三年後（精確的說是 3.2 年），那些常抱怨記憶不佳而原本沒有失智症（MMSE 心智測驗分數等於或高於 26 者）的老人罹患失智症的比率，顯著高於那些沒有抱怨記憶狀態的老人。而本研究結論不適用於剛開始時認知功能分數較低的老人（MMSE 低於 26）。此外，那些常抱怨自己記憶不佳者，也表現出較多的憂鬱症狀。所以，他們的研究也提出不要忽視老年人的憂鬱症狀（因為兩者有相當程度的關係）。

關於這個自我記憶抱怨評量共有 10 個題目，有興趣者可參閱 Schmand 等人的研究。筆者僅列出他們研究中最多老人抱怨的前三個項目（題目）：

1. 你常常忘記東西置放哪兒去了？（40.5%的人回答有這方面的困擾。）
2. 你常常抱怨自己記憶變差了？（39.8%的人回答有這方面的困擾。）
3. 你有時候想說出一些字，卻想不出來？（39.2%的人回答有這方面的困擾。）

這個大樣本（N = 2,169 位老人）的研究給我們的啟示是，對於一般原本認知功能正常的老人，他們記憶方面的自我狀態報告（抱怨記性變差），也可以當作一種未來失智機率高的參考指標。

🍁 認知能力與死亡預測

Weatherbee 與 Allaire（2008）的研究，蒐集從 1996 至 1997 年美國底特律（Detroit）社區的高齡居民（171 位 60 至 92 歲長輩）發現，那些提早離開人世的老人在認知測驗的分數上常明顯低於那些仍存活者，至於教育程度之高低或參與者的年收入情形並不影響這些長輩的存活與否。本研究的認知評量工具為《每日認知評量表》（Everyday Cognition Battery）（Allaire & Marsiske, 1999, 2002）及一些常用的認知評量（包括推理能力、數字計算、語言能力等）（詳參 Allaire & Marsiske, 1999）。《每日認知評量表》大抵評量參與者每日生活中經常所遇到的事件的記憶力（例如：給參與者研讀信用

卡帳單一分鐘後，詢問他帳單中每月應該付費多少？）、歸納推理（例如：貼上標籤的兩瓶辣椒罐，詢問當中哪一罐可避免鹽分的攝取？）及知識（如：藥物過期時應該怎麼辦？）。

認知功能下降是否有預防方法？

關於認知功能之改善方面，多領域的科學家或學者甚至民間已投入相當多之心力從事研究。尤其其風險隨年齡漸長而遞增，故隨著世界各國年齡老化吸引了更多的關注。以下筆者提供正反兩面之立論供讀者參考。

一、認知功能退化可有效預防

經由以下方式的訓練或使用，學者們認為認知功能或許可以有效預防。

（一）認知訓練

美國賓州大學 Willis 等人（2006）經過五年蒐集 2,382 位老人（平均年齡七十四歲）的研究發現，經過十週的記憶、推理及大腦處理速度訓練後（並於第十一與三十五週給予四週的效果維持訓練）。結果發現，實驗組中受過這些訓練的老人個別在這相對應之三方面的表現，明顯優於控制組。即受過記憶訓練則記憶方面明顯增強，其他兩方面也呈現同樣效果。此外，他們也發現推理方面的訓練似乎對於老人身體的《工具性日常生活活動》（IADL）[1] 有明

---

[1] IADL 為一種評量老人購物、旅遊、洗衣，及社交等活動的能力，這些方面若喪失功能其生活滿意度當然受到一定的限制（張席熒、李世代、陳保中、謝清麟，2007）。

顯的預防退化的效果（Willis et al., 2006）。然而這個效果並未在記憶及大腦速度訓練的長輩中看出來。

美國史丹佛大學及加州大學舊金山分校學者Rosena、Sugiura、Kramer、Whitfield-Gabrieli 與 Gabrieli（2011），對於輕度認知功能障礙的兩個月電腦認知遊戲訓練研究發現，透過遊戲軟體的認知功能訓練，比那些未經訓練者的記憶力測試結果有明顯的增強。甚至利用大腦 fMRI 儀器檢測，這些認知功能輕度受損者（MCI）的大腦海馬迴神經連結也可能經過這些訓練而受益。可見，認知功能之促進可以有多種不同形式，或許，有興趣的學者可以思考研究不同形式之認知促進方式（策略），可以增進中老年人哪些不同向度之認知效果及何種效果最好。如此，則認知衰退可以使用有效方法防止繼續惡化，甚至做某些程度的改善。

（二）飲食調理

孫瑜、邱銘章與李明濱（2009）三位醫師以實證醫學的方法探討飲食對失智症的防治效果，找到二十四篇相關文獻，再從中去挑選回顧性研究中，蒐集納入分析比較的臨床試驗（含世代研究及病例對照研究）完整的文章加以整理，並對國人重視的食物如紅麴、銀杏、地中海飲食及咖哩等，做為阿茲海默氏失智症食療的科學探討，做出以下幾點建議：

1. 可以地中海飲食型態為基礎。
2. 不妨多攝取一些富含維他命 E 的飲食。
3. 必須有適量的熱量來源。

4. 魚類是不錯的蛋白質，可適量加入。

5. 必須減少飽和脂肪酸的攝取。

6. 如果本來就有飲酒習慣的人，建議改為紅酒且必須是少量，最多二至三小杯即可；如果沒有喝酒習慣的人，還是不要喝比較好，免得產生後遺症。

7. 一般人不用特別去買維他命 B_6、B_{12} 及葉酸來補充（全素者則需要），但還是可以拿來作為保健食品。

8. 併有糖尿病、心血管疾病及骨質疏鬆等其他疾病之老人，飲食上各有不同的考量，必須個別遵照醫師及營養師的建議才行。（孫瑜等人，2009）

此外，美國學者 Morris、Evans、Tangney、Bienias 與 Wilson（2005），利用芝加哥健康及老化研究（Chicago Health and Aging Project, 參與者 3,700 人）的資料，追蹤時間長達六年，發現那些每週吃魚一條者，認知功能延緩下降約 10%，而吃兩條魚者，延緩下降約 13%（每年）。學者們認為這可能是因為魚類富含 omega-3 fatty acids（脂肪酸，尤其是 polyunsaturated fatty acids）有助於促進認知功能（Solfrizzi et al., 2011）。

（三）運動促進

Tseng、Gau 與 Lou（2011）系統性的分析中外大型資料庫（如 MEDLINE、CINAHL、實證醫學資料庫 Cochrane Library、Airiti Library 線上圖書館）有關運動與認知功能有關的研究（2006～2009），總共十二個隨機控制研究，發現其中的八筆研究顯示運動

能有效促進認知功能。這八筆中的五筆對象為一般認知功能正常（研究起始時）的老人，另三筆則為認知功能受損的老人，從他們蒐集到的研究歸納，他們認為只要一星期三天，共約六十分鐘，連續六週就能有效促進認知功能。不過，這個運動量比美國運動醫學會建議的運動量要來得少（詳參第十講）。

（四）人際互動

老年人的人際互動有很多功能，譬如可以減少孤寂感，增加生活的樂趣，甚至那些人際互動較多者，較少出現被虐待事件（Dong, Beck, & Simon, 2010）。James、Wilson、Barnes 與 Bennet（2011）蒐集 1,138 個老人（平均 79.6 歲）資料研究發現，老人有較多的人際社會互動者，經過平均 5.2 年的追蹤資料，發現他們較少顯現出認知衰退現象。UCLA（Seeman, 2000）的人際互動加上身體活動的研究，也發現對於老年人認知功能有相當的助益。

（五）其他策略

日本學者 Kanagawa、Amatsu、Sato、Hosokawa、Ito 與 Matsudaira（2006）提倡社區應該多發動志工從事有助於認知的活動，譬如社區中老人每月聚會一次，談論失智症相關議題或從事這些活動，如電腦研習、畫畫及唱兒歌。他們組成的這些老人志工團體從 2003 年成立到 2005 年，已經有四十五個分會了。在他們的研究論文中看出，老人比較喜歡的活動依序為兒歌、電腦及畫畫。他們認為這些活動對於失智預防很重要。台灣目前也有不少的樂齡中心成立，重點之一也是老人的社會參與及互動，同時也做一些學習活動，譬如筆者曾經參訪高雄區美濃樂齡中心的老人活動，該中心由美濃

老人福利協進會主辦，他們辦理的活動令人印象深刻，例如有客家文化傳承相關活動、二胡練習、用藥知識、體能活動，甚至還有到幼兒園說故事給小朋友聽的祖孫代間教育活動。筆者看到該協會長輩們有良好的互動及許多親切笑容，他們真是活到老、學到老的典範，當然也由於他們不斷的學習，認知功能也得以促進。

其他研究指出，教育方面質與量的提升，與愈來愈複雜的工作環境對於我們認知功能的促進也有助益（Mortimer & Graves, 1993; Schmand, Smit, Lindeboom, Smits, Hooijer, & Jonker, 1997）。譬如有一研究觀察了 1993 及 2002 年老人的資料發現，教育程度為一項有效的預防認知功能衰退變數，也就是說，在該份研究裡那些教育程度愈高的老人，臨床上較少發現認知退化的傾向。他們的解釋是，這些老人在學校唸書時有較正向的大腦刺激導致認知退化較慢，另外這些人的工作也通常需要用較多的腦力，有較良好的休閒活動，及養成良好的控制心血管的生活習慣（心血管疾病被認為與失智症有關）（Langa et al., 2008; Solfrizzi et al., 2008），第十一講關於「老人學習」方面有更多相關介紹。

可以想見的，從事與以上所提到的項目反向活動者，皆可視為危險因子。如缺乏運動，鮮少從事大腦運作（少用腦），或較少注意飲食健康食物等皆屬之。此外，有學者提到心血管疾病之危險因子也常導致認知功能方面的傷害（Solfrizzi et al., 2008）。這些危險因子包括高血壓、糖尿病、心臟疾病、抽菸等（Kennard, 2006）。

2012 年 7 月份，加拿大溫哥華的阿茲海默氏症國際研討會中，美國哈佛大學公衛教授 Elizabeth Devore（Devore, 2012）發表論文提到，睡眠不足（五小時或以下）或過多（大或等於九小時）均將導

致認知功能衰退及升高罹患早期失智症之機率。Devore 的這項研究
是調查了 15,000 位七十歲以上的婦女，經過五年（1995～2000）的
時間所得到的結論。這結果說明了睡眠的重要性：過多或過少的睡
眠對於認知功能都是不好的。如果此結論能夠獲得更多的研究證實，
當然可以嘉惠無數長輩。

二、認知功能退化無法有效預防

　　美國國家健康中心經費支持的杜克大學學者 Plassman、Willi-
ams、Burke、Holsinger 與 Benjamin（2010）的研究團隊指出，生活
習慣的改變，諸如經常性的身體運動、大腦的練習，以及 omega 3
脂肪酸的攝取等，無法有效的證實與大腦認知能力有關聯性。該研
究做出的結論是整合了 127 個觀察性研究與 22 個隨機控制研究，以
及 16 篇的回顧性論文所做的綜合性報告。該報告所包括的研究參與
者皆為年齡五十歲以上的中老年人。值得注意的是，這報告內容提
到的是「證據不足」（也就是需要更多研究支持正向之論點），並
非所有相關研究皆是完全不可信。其中有一部分學者的研究結果仍
說明了其效用，例如 Plassman 等人發現，在九篇身體活動與認知能
力的關係中，就有八篇的論文顯示了運動「可能」可以降低認知退
化的風險，另外一篇則確定可以降低此風險（研究方法較嚴謹）。
而且，這些好的生活習慣（運動、動腦及飲食營養之注重）當然得
持續保持，例如持續運動可降低心臟病、憂鬱症機率（李百麟，
2010；Lee, 2013），更可因運動強化肌肉而減少老人跌倒的風險。

　　雖然還是有少數不同看法，絕大多數的文獻是支持身體活動、
動腦、人際活動及飲食營養對於身心健康和生活品質之提升是有正

面助益的，近期，也有促進認知功能的電腦軟體遊戲研發。相信未來使用這些活動來促進大腦認知功能的研究，應該是會與日俱增的。

參考文獻

中文部分

李百麟（2010）。運動可降低憂鬱症心臟病人之死亡率。發表於嘉南藥理科技大學研究成果發表會，台南縣。

孫瑜、邱銘章、李明濱（2009）。阿茲海默失智症的食療科學證據。**台灣醫界，52**（11），8-12。

張席熒、李世代、陳保中、謝清麟（2007）。長期照護機構住民之工具性日常生活活動需求評估。**台灣老年醫學，2**（2），116-129。

許志煌（2011）。**運研所：提醒健康出現警訊老人不開車**。2011年9月26日，取自 http://tw.news.yahoo.com/

楊淵韓、李明濱、劉景寬（2009）。極早期阿茲海默氏失智症之篩檢。**台灣醫界，52**（9），8-10。

英文部分

Abdulrab, K., & Heun, R. (2008). Subjective memory impairment: A review of its definitions indicates the need for a comprehensive set of standardized and validated criteria. *European Psychiatry, 23*(5), 321-330.

Allaire, J. C., & Marsiske, M. (1999). Everyday cognition: Age and intellectual ability correlates. *Psychology and Aging, 14*, 627-644.

Allaire, J. C., & Marsiske, M. (2002). Well- and ill-defined measures of everyday cognition: Relationship to older adults' intellectual ability and functional status. *Psychology and Aging, 17*, 101-115.

Atkinson, R. C., & Shiffrin, R. M. (1968). Human memory: A proposed system and its control processes. In K. W. Spence & J. T. Spence (Eds.), *The psychology of learning and motivation: Advances in research and theory* (Vol. 2). New York, NY: Academic Press.

Barnes, D. E., Yaffe, K., Belfor, N., Jagust, W. J., Cecarli, C., Reed, B. R., &

Kramer, J. H. (2009). Computer-based cognitive training for mild cognitive impairment: Results from a pilot randomized, controlled trial. *Alzheimer Dis Assoc Disord, 23*(3), 205-210.

de Jager, C. A. (2010). *Memory in the elderly*. Retrieved May 6, 2013, from http://cirrie.buffalo.edu/encyclopedia/en/pdf/memory_in_the_elderly.pdf

Devore, E. (2012). *Sleep duration and cognitive function: The nurses' health study*. Paper presented at Alzheimer's Association International Conference, Vancouver, Canada.

Dong, X. Q., Beck, T., & Simon, M. A. (2010). The associations of gender, depression and elder mistreatment in a communitydwelling Chinese population: The modifying effect of social support. *Archives of Gerontology and Geriatrics, 50*(2), 202-208.

Geerlings, M. I., Jonker, C., Bouter, L. M., Ader, H. J., & Schmand, B. (1999). Association between memory complaints and incident Alzheimer's disease in elderly people with normal baseline cognition. *The American Journal of Psychiatry,156*(4), 531-537.

Hasher, L., Zacks, R. T., & May, C. P. (1999). Inhibitory control, circadian arousal, and age. In D. Gopher & A. Koriat (Eds.), *Attention and performance XVII, cognitive regulation of performance: Interaction of theory and application* (pp. 653-675). Cambridge, MA: MIT Press.

Inzitari, M., Baldereschi, M., Antonio, D. C., & Mauro, D. B. (2007). Impaired attention predicts motor performance decline in older community-dwellers with normal baseline mobility: Results from the Italian Longitudinal Study on Aging (ILSA). *The Journals of Gerontology, 62*(8), 837-843.

James, B. D., Wilson, R. S., Barnes, L. L., & Bennet, D. A. (2011). Late-life social activity and cognitive decline in old age. *Journal of International Neuropsychology Society, 17*(6), 998-1005.

Kanagawa, K., Amatsu, E., Sato, H., Hosokawa, J., Ito, M., & Matsudaira, Y. (2006). Community-based nursing care practice for the prevention of dementia in elderly residents in Japan. *Primary Health Care Research and Development, 7,* 314-317.

Kennard, C. (2006). *Vascular risk factors & Alzheimer's disease.* Retrieved June 10, 2012, from http://alzheimers.about.com/od/research/a/vascular_risk.htm

Kester, J. D., Benjamin, A. S., Castel, A. D., & Craik, F. I. M. (2002). Memory in elderly people. In A. Bidddley, B. Wilson & M. Kopelman (Eds.), *Hankbook of memory disorders* (2nd ed.) (pp. 543-568). London, UK: John Wiley & Sons.

Langa, K. M., Larsond, E. B., Karlawishe, J. H., Cutlerf, D. M., Kabetoa, M. U., Kimg, S. Y., & Rosen, A. B. (2008). Trends in the prevalence and mortality of cognitive impairment in the United States: Is there evidence of a compression of cognitive morbidity? *Alzheimer's & Dementia, 4,* 134-144.

Lee, P. L. (2013). Depressive symptoms negate the beneficial effects of physical activity on mortality risk. *International Journal of Aging and Human Development, 76* (2), 165-179.

Lee, P. L., Hsiao, C. H., & Wang, C. L. (2013). Physical activity and memory complaints in middle-age Americans, results from MIDUS study. *American Journal of Alzheimer's Disease and Other Dementias.* doi: 10.1177/1533317513494744

Lewis, D. (2005, October). *Demobank: A method of presenting just-in-time online learning in the proceedings of the Association for Educational Communications and Technology (AECT): Annual International Convention* (Vol. 2) (pp. 371-375). Retrieved from http://www.davidlewisphd.com/publications/dlewis_aect2005paper.pdf

Lumosity (2012). *Build your personalized brain training program.* Retrieved May 26, 2012, from http://www.lumosity.com/the-science/brain-training-research

Morris, M. C., Evans, D. A., Tangney, C. C., Bienias, J. L., & Wilson, R. S.

(2005). Fish consumption and cognitive decline with age in a large community study. *Archives of Neurology, 62*(12), 1849-1853.

Mortimer, J. A., & Graves, A. B. (1993). Education and other socioeconomic determinants of dementia and Alzheimer's disease. *Neurology, 43*, S39-S44.

Plassman, B. L., Williams, J. W., Burke, J. R., Holsinger, T., & Benjamin, S. (2010). Systematic review: Factors associated with risk for and possible prevention of cognitive decline in later life. *Annals of Internal Medicine, 153*(3), 182-193.

Reisberg, B., Gordon, B., & McCarthy, M. (1985). Insight and denial accompanying progressive cognitive decline in normal aging and Alzheimer's disease. In B. Stanley (Ed.), *Geriatric psychiatry: Ethical and legal issues*. Washington, DC: American Psychiatric Press.

Rosena, A. C., Sugiura, L., Kramer, J. H., Whitfield-Gabrieli, S., & Gabrieli, J. D. (2011). Cognitive training changes hippocampal function in mild cognitive impairment: A pilot study. *Journal of Alzheimers Disease, 26*(3), 349-357. doi: 10.3233/JAD-2011-0009

Salthouse, T. A. (1996). The processing-speed theory of adult age differences in cognition. *Psychology Review, 103*, 403-428.

Schmand, B., Jonker, C., Hooijer, C., & Lindeboom, J. (1996). Subjective memory complaints may announce dementia. *Neurology, 46*(1), 121-125.

Schmand, B., Smit, J., Lindeboom, J., Smits, C., Hooijer, C., & Jonker, C. (1997). Low education is a genuine risk factor for accelerated memory decline and dementia. *Journal of Clinical Epidemiology, 50*, 1025-1033.

Seeman, T. (2000). *Successful aging: Fact or fiction?* Paper presented at the UCLA Center on Aging Event, Fall Community Meeting, Los Angeles, CA.

Siwinski, M. J., & Hall, C. B. (1998). Constraints on general slowing: A meta-analysis using hierarchical linear models with random coefficients. *Psychology and Aging, 13*, 164-175.

Solfrizzi, V., Capurso, C., D'Introno, A., Colacicco, A. M., Santamato, A., Ranieri, M., & Panza, F. (2008). Lifestyle-related factors in predementia and dementia syndromes. *Expert Review of Neurotherapeutics 8*(1), 133-158.

Solfrizzi, V., Panza, F., Frisardi, V., Seripa, D., Logroscino, G., Imbimbo, B. P., & Pilotto, A. (2011). Diet and Alzheimer's disease risk factors or prevention: The current evidence. *Expert Review of Neurotherapeutics, 11*(5), 677-708.

Sweller, J. (1988). Cognitive load during problem solving: Effects on learning. *Cognitive Science, 12*(2), 257-285.

Sweller, J. (1994). Cognitive load theory, learning difficulty, and instructional design. *Learning and Instruction, 4*(4), 295-312.

Teng, E. L., Hasegawa, K., Homma, A., Imai, Y., Larson, E., Graves, A., & Chiu, D. (1994). The Cognitive Abilities Screening Instrument (CASI): A practical test for cross-cultural epidemiological studies of dementia. *International Psychogeriatrics, 6*(1), 45-58.

Tseng, C. N., Gau, B. S., & Lou, M. F. (2011). The effectiveness of exercise on improving cognitive function in older people: A systematic review. *The Journal of Nursing Research, 19*(2), 119-131.

van Gerven, P. W. M., Paas, F. G. W. C., van Merriënboe, J. J. G., & Schmidt, H. G. (2000). Cognitive load theory and the acquisition of complex cognitive skills in the elderly: Towards an integrative framework. *Educational Gerontology, 26*, 503-521.

van Gerven, P. W. M., Paas, F. G. W. C., van Merriënboe, J. J. G., & Schmidt, H. G. (2002). Cognitive load theory and aging: Effects of worked examples on training efficiency. *Learning and Instruction, 12*(1), 87-105.

Weatherbee, S. R., & Allaire, J. C. (2008). Everyday cognition and mortality: Performance differences and predictive utility of the Everyday Cognition Battery. *Psychology and Aging, 23*(1), 216-221.

West, R., & Schwarb, H. (2006). The influence of aging and frontal function on the neural correlates of regulative and evaluative aspects of cognitive control. *Neuropsychology, 20*, 468-481.

Whitbourne, S. K. (2008). *Adult development and aging: Biopsychosocial perspectives* (3rd ed.). New York, NY: John Wiley & Sons.

Willis, S. L., Tennstedt, S. L., Marsiske, M., Ball, K., Elias, J., Koepke, K. M. M., & ACTIVE Study Group (2006). Long-term effects of cognitive training on everyday functional outcomes in older adults. *American Medical Association, 296*(23), 2805-2814.

Young, K. (2011). *Health: Taking away car keys can be tough for older drivers.* Retrived June 5, 2011, from http://www.myfoxhouston.com/story/178719 85/taking-away-car-keys-can-be-tough-for-older-drivers

第八講　老人心理評量

一些簡易的心理測驗工具不失為初步心理認知異常篩檢的有用方式之一，老年人更可藉由使用這些評量工具以早期發現，早期治療。

　　「所謂評量又有人將其稱為評鑑，評量本身著重於
『事實之解釋』、『診斷』及『價值的判斷』，是一系列
之活動，質量並重，主客觀方法兼採，經由事實之了解，
進而求其缺點之改進，是一種有系統的價值判斷。」（王
珮玲，1998，頁7）

　　依照此定義，心理評量之工具可以是數字量化的評量表，例如
使用某種憂鬱症量表的得分高低，去了解個人憂鬱症的可能性。也
可以是文字敘述，即所謂的質性分析，譬如由晤談中得知個案（或
病人）對過往事件的回憶內容，或生活習慣等。另據王珮玲教授對
於「測驗」的定義：「測驗是指個體某方面的行為（如人格、智力、
語言）的科學工具，重在數量之測定，較具客觀性，可以證明量的
多寡。」（王珮玲，頁7）由以上兩定義看出，評量定義上較測驗
包含廣泛。但由於測驗常常是評量的一種過程，兩者重疊性高，一
般大眾也常將兩者混合使用，故兩名詞在本書出現時是可通用的。

　　值得注意的是量表本身有其限制，可以當成很有用的參考工
具，但其結果並不是百分之百的準確（會有一些誤差）。也就是說，
一般正規心理測驗工具無法百分之百肯定的、完全精確的測出某人
的心理症狀、疾病或功能，必須再加上其他如個人生理資料之化驗
取得，或經過精密儀器攝影及分析，再經過醫師等專業人員做一完
整的評估。

　　由於心理評量工具之使用已經日漸普遍，但因為一般讀者對心
理測驗不熟悉，故增加了測驗之神祕性，加上測驗本身的實用性及
個人之好奇心，所以，心理測驗似乎很受一般民眾歡迎。在介紹幾

種常見之老人心理評量工具前，筆者先介紹 Groth-Marnat（2009）在其心理評量手冊中所提到的一個好的心理測驗，使用者在使用心理測驗前應該對測驗之了解（如表 8-1 所示）。

表 8-1　施測人員選擇心理測驗時需注意事項

理論
1. 該測驗之理論架構清楚。
2. 測驗題目與理論是一致的。

實務考量
1. 被評量者看懂題目嗎？（如果需要閱讀的話）
2. 題目會不會太長或太短了？（*對象是老人的測驗，尤其須注意不要太長*）
3. *國外心理測驗使用於國內民眾前，仍須重新經信效度檢測為宜。*

標準化
1. 受測者是否適用於此測驗原本設計使用之樣本。
2. 此測驗之樣本數夠嗎？
3. 分測驗的常模是否建立？
4. 標準化過程之施測解說是否充分（足夠）？

信度
1. 此測驗信度如何？（臨床使用約需.90，研究使用則.70 以上即可）
2. 對於測驗穩定性（信度）之應用。

效度
1. 效度（*或敏感度、特異性*）是如何建立的？
2. 此測驗之效度是否適用於你的受測者。

資料來源：修改自 Groth-Marnat（2009, p. 9），表中斜體字部分為筆者增加之注意事項。

　　以上，關於實務考量提到的題目「是否太長」是很實際的，因為長輩年紀大、體力有限，一般不喜歡太多題目的測驗，若題目太長需時太久，可能就無法完成心理評量。

　　依照目的之不同，若測驗要供社會大眾使用必須簡單易懂，當然也要盡可能達到高信效度。所以，介紹一些淺顯易懂且不需特別專業訓練之心理評量工具供社會大眾參考，是本章之主要目的。

關於測驗的信效度

一、信度

　　信度有多種檢定方式，「再測信度」是常聽到的一種，指的是上一次測驗得到的分數與此次分數之間的相關程度，亦即兩次測驗間的關聯程度。同一測驗的兩次測驗得到的結果常常略有不同，測驗為何不能達到 100% 的一致（信度）呢？也就是說，為何兩次測驗之間會有誤差呢？

　　Groth-Marnat（2009）提到我們的情緒會影響測驗的表現，其他如錯讀測驗題目、會錯意及不良的施測步驟等，也都是可能的因素。當然，人的學習成長也會影響再測信度。他亦認為，某些類型的測驗（如智力測驗）又比其他類型的測驗（如焦慮或憂鬱測驗）本質上有較高的信度，因為前者較不易在短期間內受到影響，但後者則可能會因為當天發生某些事情，以至於在測驗表現上受到影響，結果信度就會受到影響了。

二、效度

測驗是否值得信賴還有一個重要的指標，那就是效度，即所謂測驗是否能真正評量出所欲評量的特質／功能的精確度。譬如我們要評量一位老人的憂鬱程度，我們當然使用憂鬱量表，然而，如果量表題目詢問的是受測者的身高有多少，或是他喜歡吃的水果是哪一種，這很明顯的顯示此測驗（題目）不具有高效度。一般心理測驗要有高效度是有其困難的，原因在於像憂鬱、焦慮、寂寞等現象或特質本身並非很具體，無法像身高、體重一般，明確可以用儀器立刻測出來，所以，一定要先發展出理論來，再根據理論編製出能表達出該理論的測驗問題。然而理論的發展，一定也是經過無數次的觀察、評量、驗證，最後加以修正而來（Shaffer, 2001）。當然學者間的理論與理論之間對於同一概念也常常有不一致的現象，所以，不斷的檢驗並找出最佳的評量工具及模式，是各界努力的方向。

　　一般的心理評量工具，如果是出自於學術性期刊，應該都是具有一定程度的信效度，否則也難以被期刊之編輯及審稿者所接受並刊登。因為審稿者大多有使命，他們會希望學術成果能提升，進而藉著優良論文對整個國家甚至世界的進步做一些貢獻。所以，被學術期刊，尤其是那些國際知名學術期刊所接受刊登者（如收錄於SSCI或SCI中者），其所推薦使用之評量工具的信效度應當都是具相當程度的可接受性，因為這些論文都已經被其他學者嚴格把關，並且審查通過了。當然，反對此種說法的也有，如國內有些人文科學者認為SSCI刊物並不重視台灣的本土性研究成果，所以論文以台灣本地為題材者難以被接受刊登。由於這方面討論已超過本文範疇，茲不贅述。

🍁 簡易評量工具介紹

一、簡易智能量表

　　《簡易智能量表》（Mini-Mental State Examination, MMSE）由 Folstein、Folstein與McHugh（1975）提出，此測驗常被用於失智症評量，施測只需五到十分鐘，使用方便。目前在臨床及研究上，常被用於對老年人的認知狀況評估，是國內外相當廣泛被使用的工具（有文獻曾提到該測驗是最常被廣泛使用者）。測驗內容包括：記憶、對時間與地方定向能力、注意力長短與算術能力、立即記憶與短期記憶、語言能力、視覺繪圖能力等的評估，共十一個問題，總分為 30 分。該量表的問題內容可在網路上容易搜尋到，只要鍵入 MMSE，即有多筆中英文資料可供參考。該量表目前最新版本為 MMSE-2（又分為簡版、標準版、長版，可任選其一使用），基本上極相似於第一版，僅做極小部分之修改（譬如計分變得較容易），標準版定價為 149 元美金，國內目前尚無新版本的研究文獻可供參考。

　　值得注意的是，Snyderman 與 Rovner（2009）認為此量表容易受到教育程度及視力的影響，進而呈現分數的差異。譬如在他們的臨床回顧文獻中，認為教育程度低者，在此量表的表現較差，所以結果解釋時就要小心。台北榮總心理師林克能（2007）也提出：「在國內，對於『沒受教育者』與『有受教育者』，建議使用不同的界斷分數（14/15 與 23/24）。即未受教育者正常分數為大於或等於 15 分，受教育者正常分數為大於或等於 24 分。」他同時也提到，MMSE 是目前健保局核准阿茲海默氏症者用藥時的主要依據，分數

要介於 10 到 26 分才能申請。每次核准六個月，若兩次測驗間 MMSE 分數退步超過 2 分，則健保局不再給付用藥。所以，MMSE 也被用來評估治療效果是否有所進步。

　　然而，隨著老化後 MMSE 分數降低多少是可以接受的？一篇國外著名精神醫學期刊發表的三位德國萊比錫大學教授之相關研究值得注意（Hensel, Angermeyer, & Riedel-Heller, 2007），他們的研究設計每隔 1.5 年的時間測量 MMSE 一次，每人六次平均 7.1 年的時間裡，如果受測驗的長者（七十五歲以上），其每次評量分數與分數之間變化在 2～4 分之間是正常的改變。此改變可來自一般的工具本身的測驗誤差（measurement error）或執行測驗者產生的誤差（practiceerror）或其他因素，所以可以不用擔心。

　　另外，MMSE 雖在台灣常被使用，可是截至 2010 年 5 月 1 日為止，美國老人醫學會網站上（http://dementia.americangeriatrics.org/）仍附註此測驗可能不適合非英語系國家使用，因為它出現較高比率的偽陽性（即沒有症狀的受測者經過測驗後卻顯示出罹患此症狀的比率），該學會還提出對於教育程度低於八年級，或高教育程度者（多高並未明確說明）也不合適。譬如，高教育程度者即使測出分數為滿分 30 分，也還是有可能有輕度認知功能缺損，也就是說 MMSE 對這些高教育程度者來說太簡單了，他們不用花費太多心力即可回答。同樣的，美國醫師 Extermann（2005）也在其論文中提到，MMSE 對於測出輕度認知功能障礙者可能有困難。研究者使用 MMSE 或許應該注意到目前使用該測驗仍須出版社授權，所以須注意版權問題，若要投稿論文更應該注意此問題。筆者 2013 年曾詢問過該出版社，每份 MMSE 研究用之授權金約為 1.09 美金，每次約

需購買 250 份，當然填寫使用目的等基本資料也是必須的程序，因須經過他們的許可才准許使用。

二、AD-8 極早期失智症篩檢量表

楊淵韓、李明濱與劉景寬（2009）認為，美國聖路易華盛頓大學發展出來的《AD-8 極早期失智症篩檢量表》是一份很好的快速認知篩檢工具，一般民眾也可藉由此篩檢工具自我檢測，以提高極早期失智症的檢測率。

AD-8 量表中的八個題目為：(1)判斷力上的困難：例如落入圈套或騙局、財務上不好的決定、買了對受禮者不合宜的禮物；(2)對活動和嗜好的興趣降低；(3)重複相同的問題、故事和陳述；(4)在學習如何使用工具、設備和小器具上有困難，例如：電視、音響、冷氣機、洗衣機、熱水爐（器）、微波爐、遙控器；(5)忘記正確的月份和年份；(6)處理複雜的財務上有困難，例如：個人或家庭的收支平衡、所得稅、繳費單；(7)記住約會的時間有困難；(8)有持續的思考和（或）記憶方面的問題。

以上八題，若個案回答「是」者得 1 分，「不是」得 0 分，「不知道」則不予計分。根據楊淵韓等人（2009）的台灣樣本測試結果，個案使用此工具得到分數 ≧2 分時，可能有早期失智症傾向，建議做更進一步檢查。當然光靠量表本身即據以診斷為失智症，證據是不夠充分的。

楊淵韓等人（2009）在測試 AD-8 中文版量表的臨床使用上，發現在區別臨床失智症評量為正常組（clinical dementia rating, CDR = 0）和極早期失智症組（CDR = 0.5）的判定值（cut-off value）是

2，且有 95.89%的敏感度（sensitivity）和 78.7%的特異性（specifi-
city），在統計學上 ROC 曲線（receiver operating characteristic cur-
ve）下的面積為 0.948，在區別正常組（CDR=0）和失智症組
（CDR≧0.5）時，其判斷值也是 2，其敏感度為 97.6%，且特異性
為 78.07%，其 ROC 曲線下的面積為 0.961。他們因此認為 AD-8 量
表在台灣是可以大量的先進行篩檢（如社區），就此量表而言，其
判斷的臨界值不因不同種族而有所差別。筆者發現 AD-8 中文量表
也很有創意的被連結在一些老人機構的原子筆上，推廣給需要的長
輩自我檢測。

　　由於世界人口老化情形日益顯著，阿茲海默氏症之罹患率也日
益增加，目前世界罹患此病人口約 3,500 萬人，到 2030 年將增至
6,600 萬人，到 2050 年又將增加至 1 億 1,500 萬人；也就是說，以
每二十年成長一倍的速度增加（Reuters, 2010）。由於此人口不斷增
加，若能在阿茲海默氏失智症的極早期就將疾病診斷出來，甚至給
予治療，在目前的研究顯示，如此的治療效果相對較好，病人或家
屬也可受惠（楊淵韓等人，2009；Wimo et al., 2003）。

三、畫時鐘測驗

　　國內成功大學醫師張家銘與蔡智能（2003）也曾在其論文〈老
年人之周全性評估〉中，簡短提到此工具之使用方法。他們提到「畫
時鐘測驗」是一個有效評估認知功能的方法，特別是視覺空間及建
構性方面的評估。我們可要求受測者在紙上畫一圓形時鐘，填上阿
拉伯數字 1 到 12，並指定一時間點（如 11 點 10 分），請受測者畫
上時針與分針。Agrell 與 Dehlin（1998）曾專文討論畫時鐘測驗的

評分方法，在其文中陳列了十四種之多的評分方法。當然，認知缺損愈嚴重者，所畫出來的時鐘圖樣愈不正確，如評分時可檢視其時鐘裡面的數字 1～12 是否依其順序排列，或是 1～12 的位置是否正確，指定的時間之時針、分針是否在正確位置上，及長短指針是否可辨別等，以這樣子的評分方式，則分數就會有所差異，一般而言，低教育程度、高年齡及憂鬱情況者在此測試會表現較差一些（Agrell & Dehlin, 1998; Lee & Lawlor, 1995）。

由於這個測驗中個案僅被要求畫時鐘就可大致的測試其認知功能是否缺損，所以，此測驗的優點是測試時間短、容易操作，且與 MMSE（另一種常被使用的認知評量工具）之相關度高（Agrell & Dehlin, 1998）。換言之，畫時鐘測驗有不錯的效度。

另外，林克能（Lin et al., 2003）使用國內樣本測試此工具之實用性時發現採用三個項目，其施測結果能有效的區辨正常者與輕度失智症者（界斷分數 2/3，敏感度 72.9%，區辨度 65.5%），此三項目分別為：(1)時鐘上 1 到 12 的數字在正確位置上；(2)時針分針正確的指在要求的位置；(3)長短針有明確的差別。此「界斷分數」之意義為：達到此三項目之要求者得 3 分（正常），若僅得 2 分者即可能有失智症傾向。「敏感度」之定義為：此次測驗給所有患者做測驗，能正確測出其疾病之比率；而「特異性」之定義為：給所有非疾病患者測驗，能正確測出這些人沒有罹患該疾病之比率。根據筆者實際觀察，有失智症的人常將 1 至 12 的數字寫在時鐘的一側（左或右側），或數字從 1 到 12 以逆時鐘的方向排列，或數字無法寫完 1 至 12，或數字密集擠在一個區域（將時鐘分成四區時），或指針指到不正確位置，或長短針不分等。

四、迷你認知測驗

　　《迷你認知測驗》（Mini-Cog Screen for Dementia）為美國老人醫學學會出版的手冊中提及可使用之簡易評量老人認知功能工具，國內成功大學醫師張家銘與蔡智能（2003）也曾在其論文中簡短提到此工具之使用方法。畫時鐘測驗若加上三個名詞複述及記憶的測試即成為「迷你認知評估」（Mini-Cog assessment）。此測驗一般施測僅需三分鐘時間，不需要特殊工具或配備，相對於其他測驗而言，較少受教育程度高低或使用不同語言所影響（American Geriatrics Society, 2010），所以堪稱是簡易且實用的老人認知評量工具。

　　根據 Borson、Scanlan、Brush、Vitaliano 與 Dokmak（2000）及美國老人醫學學會（American Geriatrics Society, 2010）資料，筆者將迷你認知測驗評量步驟及計分標準設計成一評量表格（如表8-2）。

1. 步驟一：要老人記住三樣分屬不同類別的物品，如星星、車子、葡萄。若使用同一類別交通工具（如汽車及機車），因為兩者同屬交通工具，所以就不適合一起出現。

2. 步驟二：請受測者畫出時間 11：10（有些測驗要求畫出 8：20 或其他時間，因為這時間敏感度較高，比較能測出差異性）。另外，老人若聽不清楚時間可再重複說出。時鐘之圓圈亦可由施測者先行畫出來，再由受測者指出其時間位置（有時某些受測者會懶得動手畫出來）。

3. 步驟三：請受測者說出先前之三樣物品。

　　計分時先看三樣物品是否皆能複述出來。若可以，則得到 3 分

（每樣物品1分），加上正確時鐘分數2分（不正確，得到0分），滿分就是5分。受測者的分數若是得到3分或3分以上則罹患失智症的機率低，若得0～2分（0、1、2分）則失智症傾向高。

表8-2為迷你認知功能評量步驟的題目範例，筆者僅製表整理，觀念完全來自Borson等人（2000）。

表 8-2　迷你認知測驗

1. 現在請仔細聽，並重複說出我馬上要唸的三樣東西（三種完全沒有關係的物品，如汽車、鉛筆、月亮）。
   現在，請說出剛剛唸的三樣物品名稱：
   (1)＿＿＿＿＿＿＿　(2)＿＿＿＿＿＿＿　(3)＿＿＿＿＿＿＿

2. 現在請填入時鐘的數字（等受評量者填入後），請畫出時針分針指在11:10的地方（聽不清楚可複誦，無時間限制）。請在此畫出來。

3. 現在請唸出剛剛我們唸過的三樣物品名稱。
   受評量者說出的三樣物品：
   (1)＿＿＿＿＿＿＿　(2)＿＿＿＿＿＿＿　(3)＿＿＿＿＿＿＿

4. 計分
   三樣物品記憶分數為＿＿＿＿分（每樣物品正確得1分，共3分），畫時鐘測驗分數為＿＿＿＿分（12個數字順序及指針皆在正確位置上得2分，否則0分），共得分數＿＿＿＿分。
   （註：分數≧3，失智症機率低；分數＜3，失智症機率高。根據此測驗結果，來判斷受測者是否有認知功能的障礙。）

五、注意力測驗

(一) 數字刪除評量測驗

　　《數字刪除評量測驗》（Digit Cancellation Test）為評量受試者對於外界刺激的注意力（Inzitari, Baldereschi, Antonio, & Mauro, 2007），也就是中央神經系統對於環境刺激的知覺能力（Kumar, Khajuria, Tandon, Kapoor, & Singh, 2007）。此測驗之進行有幾種版本，其一般基本內容為三個矩陣合成 13 行（每一行包括 10 個）數字，每一行都有 0 到 5 個標靶數字，受試者的目標即為快速度的將這個標靶數字刪除。每一個矩陣 45 秒鐘的時間，受試者被告知盡量快速的完成。分數最低 0 分，最高 60 分（Inzitari et al., 2007），刪除錯則扣分。每分鐘平均刪除的數字則為其注意力表現的能力。Kumar 等人（2007）的版本是將共有 400 個數字的矩陣中的某一個數字（該數字共出現 40 次）刪除。以下為簡單的測驗題目之一種形式：

　　3 8 7 6 7 9 7 4 3 5

　　1 2 2 4 5 6 7 9 6 4

　　3 4 5 6 1 2 8 0 5 3

　　2 3 1 6 2 8 0 9 4 5

　　2 3 6 5 4 3 9 0 7 9

　　6 9 0 4 5 3 5 7 8 3

　　3 4 7 2 4 5 4 5 5 6

　　1 1 6 7 6 7 8 9 4 3

　　8 7 9 8 0 5 6 8 9 2

　　1 2 4 4 5 3 3 6 7 6

研究者可請受測者刪除每一行數字中的任一數字（譬如：1）。這測驗雖無常模，但受測者可將此測驗之表現（如所需時間及正確度）與數個月前自己的表現做一比較。

此外，該測驗亦曾被用於預測老年人三年後的肢體活動能力，也就是那些注意力較佳者，其三年後的肢體活動能力也愈好（Inzitari et al., 2007）。此研究結果對於社會各界積極推廣的「老人防跌」有其重要之意義。也就是說，長輩之注意力是否經過訓練後其肢體活動力就會相對的較強也較不會跌倒？這應該是一個相當有意義的老人健康研究議題。

(二)史楚普測驗

「史楚普測驗」（Stroop test）為測驗個人注意力及抑制力。此測驗挑戰我們對於顏色及單字的固有認知基模稍做改變的能力。譬如，單字「藍」是用綠色的墨水印出來，而單字「綠」卻是用藍色的墨水印出，受試者會被要求以最快的速度，讀出每個單字的墨水印刷顏色。研究結果證明，老人注意力表現的能力（如完成所需的時間）不如年輕人（Brink & McDowd, 1999）。當然該測驗也可以自由變化，如下表舉例之史楚普測驗，藍色（或紅色綠色）單字使用了三種相同或相異顏色，讓受試者唸出該字體單字的顏色。

藍	綠	紅	藍	紅
綠	藍	藍	紅	綠
紅	綠	藍	紅	藍
藍	綠	綠	紅	紅
紅	藍	紅	綠	藍

註：■表藍色字；■表綠色字；■表紅色字。

六、老人憂鬱量表

張家銘與蔡智能（2003）兩位醫師皆認為，憂鬱症是老年人最常見的精神疾病之一。在社區居住的老年人其盛行率為 10%到 20%。老人憂鬱症的篩檢可參考表 8-3 的「老年人精神抑鬱量表」。

表 8-3　老年人精神抑鬱量表（GDS）

在以下問題圈出「是」或「否」作為您的答案　　（在過去二星期中）	1	0
1. *基本上，您對您的生活滿意嗎？	否	是
2. 您是否減少很多活動和嗜好？	是	否
3. 您是否覺得您的生活很空虛？	是	否
4. *您是否常常感到厭煩？	是	否
5. 您是否大部分時間精神都很好？	否	是
6. 您是否會害怕將有不幸的事情發生在您身上嗎？	是	否
7. 您是否大部分的時間都感到快樂的嗎？	否	是
8. *您是否常常感到無論做什麼事，都沒有用？	是	否
9. *您是否比較喜歡待在家裡而較不喜歡外出及不喜歡做新的事？	是	否
10.您是否覺得您比大多數人有較多記憶的問題？	是	否
11.您是否覺得「現在還能活著」是很好的事嗎？	否	是
12.*您是否感覺您現在活得很沒有價值？	是	否
13.您是否覺得精力很充沛？	否	是
14.您是否覺得您現在的處境沒有希望？	是	否
15.您是否覺得大部分的人都比您幸福？	是	否
總分＝_____		

*共 5 題，由於 15 題題數較多，也有學者以此五題當成短式 GDS 量表使用（其信度與效度與 15 題 GDS 相當）。
資料來源：張家銘與蔡智能（2003）

另一篇類型區域性的研究（林怡君、余豎文、張宏哲，2004）發現，新北市新店區老人社區盛行率為 29.5%，但機構老人的盛行率則為 39.2%。他們的調查研究發現，影響老人的憂鬱因素包括了生活事件的變故、自評健康的高低、日常生活功能的情形、經濟因素及社會支持度等皆為重要影響因素。

　　行政院衛生署嘉南療養院（2010）衛教網頁提到老人精神抑鬱量表（GDS）於 1986 年在美國發表：

　　　　原本即針對老人憂鬱症篩檢而設計，量表由非專業之一般研究助理即可使用（Brink, Yesavage, Lum, Heersema, Adey, & Rose, 1982），詢問時間簡短，約為 10 至 15 分鐘，有良好的信效度。原先的三十題版本也有簡短的十五題版本（GDS-15），可以使用在社區老人篩檢中，其問卷篩檢所得為近一週的情形。

　　張家銘與蔡智能（2003）認為 GDS-15 在診斷憂鬱症的敏感度為 84%，特異性為 95%。若分數大於或等於 7 分以上即被認為可能有憂鬱症。葉宗烈（2006）提及，最簡短的量表應為耶魯大學所發表的「GDS-1」（僅有一個題目之意），該量表只問：「您是否常常感覺心情悲傷或憂鬱？」其信效度與擁有三十題的GDS-30 相當。

七、中文（台灣）版蒙特利爾智能測驗

　　由蔡佳芬與傅中玲（2003）翻譯之《中文（台灣）版蒙特利爾智能測驗》（Montreal Cognition Assessment）是一個用來快速篩選

輕度認知障礙個案的量表。評量時間約需十分鐘，它量度不同領域的認知功能：專注力與集中力、執行功能、記憶力、語言能力、視覺空間建構、抽象概念、計算與定位。完成整個量表的時間約為十分鐘，總分為 30 分。英文原版的測試結果顯示取得 26 分或以上為正常。教育程度低於十二年者（即未念大學者）可加總分 1 分。該評量表被認為是相當不錯的輕度認知功能障礙的早期檢測評量工具（Nasreddine et al., 2005）。該測驗之中文版可以無須經由授權用做非商業用途，其他限制詳參以下網址： http://www.mocatest.org/。

八、心理健康評量

　　可參考中央研究院社會學研究所及國科會合作自 1990 年來的「台灣社會變遷基本調查」所蒐集的長期資料（台灣社會變遷調查，2013），該資料庫調查內容多種，包括：家庭、教育、社會階層與社會流動、政治文化、選舉行為、傳播、文化價值、宗教等。該調查將心理健康分為情緒症狀及身體症狀兩種，各五個題目，並分別在不同的年代（即 1990、1995、2000 及 2005）詢問民眾有關「最近兩星期以來，個人所知覺之自己的情緒症狀的狀況」，包括是否：(1)覺得許多事情是個負擔；(2)覺得對自己失去信心；(3)覺得生活毫無希望；(4)覺得緊張不安、無法放鬆；(5)覺得家人或親友會令我擔憂等問題。而身體症狀部分，則詢問民眾「關於最近兩星期以來，個人知覺到之自己身體症狀上的健康情形表現」，包括是否：(1)覺得頭痛或頭部緊緊的；(2)會心悸或心跳加快、擔心可能得了心臟病；(3)感到胸部緊緊的，很不舒服；(4)覺得手腳發抖或發麻；(5)覺得睡不好等問題。該問卷並無心理健康與否之切分點，即測驗後無

法大概得知自己的狀況是否「不正常」。不過，倒是可以將自己的狀況與先前的自己比較，看看自己目前的心理狀況經過一段時間後（例如半年或一年）是不是進步或退步了。當然，專家學者也可以藉此評量表來分析當前台灣各年齡層人士之心理狀況，而得到其心理健康之趨勢來做進一步之研究。

以下為該問卷兩個例題，詳參該問卷（台灣社會變遷調查，2013）。

問題：請問您最近兩星期以來會不會有下列情形？（Likert Scale, 回答 1-4，1：一點也不，4：比平時更覺得）

1. 覺得頭痛或是頭部緊緊的。
2. 覺得心悸或心跳加快，擔心可能得了心臟病。

總之，心理測驗工具可以在很短的時間內測量出個人是否有一些心理精神上的問題，而精確度也不斷的改進中，這特性很適合社區心理工作者初級預防之用。國外史丹佛大學教授Ashford（2008）等人也不斷倡導社區老年人更需多使用這些工具，以早期發現早期治療（亦可參考楊淵韓等人，2009；Bush, Kozak, & Elmslie, 1997; Solomon, 2008）。當然，最後仍須經過醫師等專業人員的進一步評估及儀器檢測後方能確診。但這些簡易評量工具仍不失為有用的初步心理認知異常篩檢的方式之一。

參考文獻

中文部分

王珮玲（1998）。*幼兒發展評量與輔導*。台北市：心理。

台灣社會變遷調查（2013）。*計畫簡介*。2013 年 4 月 10 日，取自 http://www.ios.sinica.edu.tw/sc/cht/home.php

行政院衛生署嘉南療養院（2010）。*高年精神科：老人憂鬱量表*。2010 年 10 月 16 日，取自 http://www.cnpc.gov.tw/main_sec.php? index=public_se&bsid=checknu&sid=06&page_nam e=detail&pid=76&iid=24

林克能（2007）。失智症之臨床評估。**中華民國神經放射醫學會會刊，33**，21-22。

林怡君、余豎文、張宏哲（2004）。新店地區機構和非機構老人憂鬱情形及相關因素之調查。**台灣家庭醫學雜誌，14**（2），81-93。

張家銘、蔡智能（2003）。老年人之周全性評估。**老人醫學，7**（3），364-374。

楊淵韓、李明濱、劉景寬（2009）。極早期阿茲海默氏失智症之篩檢。**台灣醫界，52**（9），8-10。

葉宗烈（2006）。*台灣老年憂鬱量表簡介*。台灣憂鬱症防治協會。2010 年 10 月 16 日，取自 http://www.depression.org.tw/knowledge/know_info_part.asp? paper_id=51

蔡佳芬、傅中玲（2003）。*蒙特利爾認知評估（台灣版）*。2013 年 4 月 20 日，取自 http://www.mocatest.org/pdf_files/test/MoCA-Test-Taiwan.pdf

英文部分

Agrell, B., & Dehlin, O. (1998). The clock-drawing test. *Age and Ageing, 27*, 399-403.

American Geriatrics Society (2010). *A guide to dementia diagnosis and treatment.* Retrieved May 30, 2010, from http://dementia.americangeriatrics.

org/

Ashford, J. W. (2008). Screening for memory disorder, dementia, and Alzheimer's disease. *Aging Health, 4* (4), 399-432.

Borson, S., Scanlan, J., Brush, M., Vitaliano, P., & Dokmak, A. (2000). The Mini-Cog: A cognitive "vital signs" measure for dementia screening in multi-lingual elderly. *International Journal of Geriatric Psychiatry, 15*(11), 1021-1027.

Brink, J. M., & McDowd, J. M. (1999). Aging and selective attention: An issue of complexity or multiple mechanisms. *Journal of Gerontology: Psychological Sciences, 54B*(1), 30-33.

Brink, T. L.,Yesavage, J. A., Lum, O., Heersema, P., Adey, M. B., & Rose, T. L. (1982). Screening tests for geriatric depression. *Clinical Gerontologist, 1* (1), 37-44.

Bush, C., Kozak, J., & Elmslie, T. (1997). Screening for cognitive impairment in the elderly. *Canadian Family Physician, 43*, 1763-1768.

Extermann, M. (2005). Older patients, cognitive impairment, and cancer: An increasingly frequent triad. *Journal of the National Comprehensive Cancer Network, 3*(4), 593-596.

Folstein, M., Folstein, S., & McHugh, P. (1975). Mini-mental state: A practical method for grading the cognitive state of patients for the clinician. *Journal of Psychiatry Reserch, 12*, 189-198.

Groth-Marnat, G. (2009). *Handbook of psychological assessment* (8th ed.). Hoboken, NJ: John Wiley & Sons.

Hensel, A., Angermeyer, M. C., & Riedel-Heller, S. G. (2007). Measuring cognitive change in older adults: Reliable change indices for the Mini-Mental State Examination. *Journal of Neurology, Neurosurgery & Psychiatry, 78*, 1298-1303.

Inzitari, M., Baldereschi, M., Antonio, D. C., & Mauro, D. B. (2007). Impaired attention predicts motor performance decline in older community-dwellers with normal baseline mobility: Results from the Italian Longitudinal Study on Aging (ILSA). *The Journals of Gerontology, 62*(8), 837-843.

Kumar, A., Khajuria, V., Tandon, V. R., Kapoor, B., & Singh, R. (2007). Comparative effects of conventional B-blockers and nebivolol on psychomotor performances in healthy volunteers: A preliminary report. *Indian Journal of Physiology and Pharmacology, 51*(2), 183-188.

Lee, H., & Lawlor, B. A. (1995). State-dependent nature of the clock drawing task in geriatric depression. *Journal of American Geriatric Society, 43*, 796-798.

Lin, K. N., Wang, P. N., Chen, C., Chiu, Y. H., Kuo, C. C., Chuang, Y. Y., & Liu, H. C. (2003). The 3-item Clock Drawing Test: A simplified screening test for Alzheimer's disease. *European Neurology, 49*(1), 53-58.

Nasreddine, Z. S., Phillips, N. A., Bédirian, V., Charbonneau, S., Whitehead, V., Collin, I., ... Chertkow, H. (2005). The Montreal Cognitive Assessment (MoCA): A brief screening tool for mild cognitive impairment. *Journal of American Geriatric Society, 53*, 695-699.

Reuters (2010). *Scientists find clues in search for dementia drugs*. Retrieved May 26, 2010, from http://www.reuters.com/article/idUSLDE6431NY20100506

Shaffer, D. R. (2001). *Developmental psychology*. New York, NY: Brooks/Cole.

Snyderman, D., & Rovner, B. W. (2009). Mental status examination in primary care: A Review. *American Family Physician, 80*(8), 809-814.

Solomon, P. (2008). *Comments on paper and primary news: Dementia screening in primary care is it time*. Alzheimer Forum Alzheimer Research Paper of the Week.

Wimo, A.,Winblad, B., Engedal, K., Soininen H., Verhey, F., ... Subbiah, P. (2003). An economic evaluation of donepezil in mild to moderate Alzheimer's disease: Results of a 1-year, double-blind, randomized trial. *Dementia and Geriatric Cognitive Disorders, 15*, 44-54.

第九講 老人人際關係

人際關係對身心健康之重要性無庸置疑。儘管每個人都無法抗拒老化的過程，但我們可以安排或調整生活型態使老年生活更加健康。

　　一般文獻中將「人際關係」定義為：人與人之間相互往來、彼此依賴且彼此影響的互動過程（Kelley et al., 1983）。常見的人際關係包括親子關係、手足關係、夫妻關係、師生關係、同儕關係、同事關係、勞資關係以及性別關係等。

　　人際關係對身心健康之重要性無庸置疑。然而，因為高齡者之體力及身體狀況的限制，要與昔日好友及外界互動，有時恐怕並不如其他人生階段來得容易，其重要性也就不可忽略。例如，年輕人要與朋友聊天，可以使用手機、電腦或直接騎著機車、腳踏車等交通工具就可以找朋友聊天或見面，機動性和行動力十足。然而，老人使用電話還可以，若要出門與朋友見個面可就是大事一件了。譬如過個馬路對多數身體健康的人而言是很平常的事情，年輕人身手敏捷、左閃右避不是難事；但是，我們也常在街頭看到老年人穿越馬路真是驚險萬分，有時看到老年人就停在馬路的正中間，無法進退。搭公車也需要快速的上車、下車，因為公車瞬間加速移動使未坐定老人受傷之情事時有所聞。行動能力上的減弱當然一定程度的阻絕了高齡者出門，尤其是出遠門、訪友與人際互動的意願。另一方面，許多老人經濟能力可能也不如年輕時充裕，即使出門訪友也須精打細算一番方可出遊。所以，人際關係這方面人性上的需求如何予以適當滿足，對於某些老人成了一個重要的課題。行動不便的老人，因為出門與左右鄰居聊個天都是件難事，形成人際孤離，值得社會大眾關心。譬如許多獨居老人文獻中提及，獨居老人且缺乏人際互動是老人虐待／不當對待事件發生率的重要原因之一（詳如第三講）。當然，也有很多老人是老當益壯的，他們可以整天的忙著參加自己或社區組成的社團，如土風舞、香功、太極拳或打牌、

下棋、畫畫、卡拉 OK、打球甚至爬山等。所以，研究文獻中也經常提到長輩間個人資源或身心狀況差異是很大的，這也直接或間接影響了人際網絡大小。這裡也並非說人際網絡小就一定不好，總是心情不好時能有人聊聊是抒解情緒方式之一，而各式各樣的朋友也可以讓我們的生活增添不同樂趣，充實長輩的生活內涵。

　　既往文獻對老人人際關係議題一直十分重視。國外學者有關成功老化研究中，均將人際關係列為重要內涵（李百麟，2009）：

> 　　在 Siebert、Mutran 與 Reitzes（1999）等人的研究中發現，老年人在朋友間所獲得的社會支持有助於其自我角色認定，並可有效的預測其生活滿意度。在 Charbonneau-Lyons（2002）之研究中，社會和家庭關係是高齡者認為最重要的層面。Jeste（2005）認為，成功老化很重要的因素之一就是多與朋友接觸。Montross 等人（2006）的研究也提到，高齡者認為退休後有幾位好朋友聊天談心。是成功老化的重要因素之一。Seeman（2000）在他們著名的麥克阿瑟基金會所做研究結果中發現，高齡者若多與朋友社交及多做運動皆可防止身體及認知功能老化，而與朋友一起做運動可加倍（provide double bonus points）防止高齡者老化的速度。

　　有趣的是，長輩們若不喜與人交往，或許他們與寵物之間的互動似乎可以替代一些人際缺乏所帶來的負面影響（Raina, Waltner-Toews, Bonnett, Woodward, Abernathy, 1999）。類似的研究提到那些早

年即養狗或者晚年養有較多隻狗者，晚年與他人會有較好的人際關係（Nagasawa & Ohta, 2010）。

🍁 老化的過程與人際關係演變

　　雖然老化的過程讓我們部分的認知能力降低（但同時老人比年輕人生活上卻更有智慧），長輩身體也日漸變差了，我們沒有辦法阻止這種每個人都會面對的老化過程，但可安排或調整生活型態使老年更加健康。人際互動就是常被提到的一種。Fingerman 與 Charles（2010）的研究指出，年長者一般有較佳之婚姻關係、較強之朋友支持系統，則與子女及兄弟姊妹間的關係也較少磨擦，甚至與外在的社會網絡也有較緊密的聯繫（或參考 Fingerman, Hay, & Birditt, 2004）。社會情緒選擇學派（socioemotional selectivity theory）的學者認為，老年人傾向於記住對於當下情緒有意義的人際關係，所以對於負面事件的注意力及記憶力下降，並不去注意且遺忘它們，因此較會記住正向事件（Carstensen, 2006; Carstensen, Isaacowitz, & Charles, 1999）。從這角度來看，只記得別人的好，當然人際關係會變好。

　　另一派的學者則持不同的看法，如社會學習及人格理論學者認為人際關係的品質並不隨著老化而改變，譬如那些早期與父母有負面之互動者，常能預測其未來成人之負面人際關係，因為他們早先負面的學習經驗之故（Whitbeck, Hoyt, & Huck, 1994）。另有學者認為，婚前負面的兩性交往關係，經由長期的增強作用可以預期雙方未來的關係發展也將是負面的；再如神經質性格的人，往往長期發

展出負面的人際關係（Caughlin & Huston, 2006; Costa & McCrae, 1988）。

上述學者們對於老化後的人際關係發展之研究結果看法兩極，也似乎各有立論。

Birditt、Jackey 與 Antonucci（2009）根據長期資料庫分析的研究，或許可以在這混沌不清的狀態下提供一些解答，其結果是：相對於社會學習及人格理論主張的人際關係長遠往負面發展，以及相對於社會情緒選擇理論強調的人際關係往正面發展，似乎兩者立論各有其可取之處。他們分析資料發現，六十歲以上的長輩們與其子女的「負面關係」是隨著時間消逝（如十三年後）而降低的；在兩次調查之間與新朋友間的「負面關係」也會隨著時間而遞減，但與相同朋友間的負面關係則維持不變；而與不同配偶，如再婚中的新配偶或親密伴侶間的「負面關係」也呈現遞減現象。令人訝異的結果是：若十三年後配偶不變，受訪者與同一配偶或親密友人間的「負面關係」卻是增加的。此夫妻間與日俱增的負面關係結果著實令人嚇一跳。Birditt 等人對於同一配偶負面關係增加的解釋是：夫妻每天碰面，因而製造出較多機會爭吵；再者，配偶必須每天面臨生活壓力，所以言談間難免會起爭端。此同一配偶的關係品質研究結果較符合前述社會學習及人格理論，如同研究中也提到，這可能是由於配偶間負向互動行為模式經過長期增強了。這研究同時也討論到受訪老人與朋友、子女的關係會隨著時間的增進而減少負面關係，這又表示前述之社會情緒選擇理論是被支持的。亦即長輩們隨著年齡的增加，只注意及記憶到互動之正面事件。

🍁 滿足與外界接觸的歸屬感需求

　　或許，參考百歲人瑞所做的事情有助於我們達到高品質百歲生活的目標。研究指出，美國在 2010 年約有 72,000 位百歲人瑞，到 2050 年時將增加到 600,000 名人瑞，成長速度八倍有餘真是驚人（Davies, 2012）。美國聯合健康保險公司（United Health Care, 2012）健康機構針對 100 位百歲人瑞及 300 位戰後嬰兒潮中老年人進行生活型態調查，目的在於為其他已經步入中老年階段的大量戰後嬰兒潮出生者（baby boomers）提供健康生活參考。調查中發現這 100 位人瑞及 300 名戰後嬰兒潮出生者具有共同點：

1. 約有 89%的人每天都與家人或朋友做任何形式的溝通。
2. 67% 的人瑞和 60% 的嬰兒潮者每天進行某種形式的宗教活動。
3. 51%的人瑞及 59% 的嬰兒潮者每天運動。

　　以上的活動人瑞與嬰兒潮者兩者的差距不大，差異較大的是睡眠：70%百歲人瑞每天睡足八小時，但只有 38%的嬰兒潮出生者睡眠達到八小時。這份研究提醒我們要活得久，睡眠是一個重要且需要保持的習慣。除此之外，調查中還問了一個有趣的問題：如果要從 14 位各領域翹楚中邀請一位人士一塊吃晚餐，他們的選擇會是誰？名單中包括現任美國總統、音樂家、知名演員等，兩組問卷參與者：人瑞以 65%，嬰兒潮人士以 78%的票數選出共進晚餐首選居然是同一人，即曾經主演《黃金女郎》電視劇影集的喜劇演員 Betty White。曾贏得六項艾美獎（包括終身成就獎）的 Betty White 在 2012 年高齡九十歲仍參加演出，總是笑容飛揚為人製造歡樂，並曾獲美國總統歐巴馬接見，是成功老化的最佳代表人物之一。

在這項百歲人瑞調查中，89%的人瑞指出人際關係對於長壽是很重要的。文獻也提到溝通可協助人們減輕寂寞、尋求感官刺激需求、滿足我們與外界接觸的歸屬感需求（Devito, 2003），這也是人性中的基本需求。

🍁 退休後夫妻之關係──夫妻生活

夫妻關係是大多數成人人際關係中的一個重要面向，退休前之高齡者需要有妥善的規劃，才能讓夫妻雙方適應彼此退休後必須整天「膩在一起」的生活方式改變。以下簡錄一篇讀者投稿（〈老公退休，亂了我的生活〉，2009），說明退休可能也是夫妻關係及長輩們的另一個階段性的挑戰。

老公退休，亂了我的生活

我是一個興趣很廣的人，退休後蒔花弄草、遊山玩水、享受美食，生活過得愜意又悠閒，但是最近老公退休，卻讓我的生活有了壓力……老公退休後，卻好像對什麼事都提不起興致，約他游泳、做SPA，他說沒興趣；約他爬山健身，他說年紀大了，膝關節承受不了；請他享受美食，他說退休應節省點……他的運動方式，只有晚飯後的散步和偶爾的剪草、拖地……坐在電視機前打發時間。這樣的方式打亂了我原有的生活節奏，顧慮他的感受，就不能按自己的想法安排節目，但是鎮日兩個人大眼瞪小眼，摩擦日增，而我又是個不愛爭執的人，只得忍氣吞

聲，三個月下來，覺得自己快得憂鬱症了。真希望老公能快快想通，享受退休後的生活樂趣，也奉勸計畫退休的朋友，能先規劃好退休後想過的生活模式，才不致給自己或家人帶來困擾啊！

　　這些因為退休生活方式改變所帶來的衝突故事時有所聞。退休後若無妥善之生活規劃，由於每天從早到晚生活在一起，衝突磨擦的機率自然就大幅提高了。

　　國內研究退休生活論文大部分聚焦於職業分類或理財相關規劃。譬如，很多研究與軍公教退休人員的生活有關，或者研究調查內容偏重於如何理財規劃，對於其他重要因素，諸如種族、性別、健康狀態、教育程度等等相關因素（Szinovacz & DeViney, 1999; Taylor & Doverspike, 2003）則較少提及。林東龍、余嬪與陳武宗（2011）在他們研究中提到，不同性別在退休生活適應、時間安排，以及社會參與等層面存在著不同的退休生活經驗。他們訪談中的男性受訪者均提到，退休男性參與社團活動可能出現與上述故事類似的某些心理障礙。其中一男性個案提到：

　　　　像我有些（男）同事退休在家裡，除了一半時間貢獻給家裡外，就是找一群人一起打麻將。我覺得你們應該對男士多著墨，然後指導我們該怎麼做。我去看過很多的活動，那它裡面大多都是女士，男的真的很少。人數應該要是一樣的嘛（研究者：那你覺得為什麼會這樣）。因為男的他有自尊心，好像比較不好意思去跟人家交際。（頁70）

另外一位女性個案提到她先生：

> 我就問我老公說，你為什麼不想出來跟大家接觸啊？
> 他說退休就是休息嘛，就是自由自在，幹嘛還要強迫我出
> 去做什麼義工、又是什麼學習。我這輩子都學習，不學
> 了。（頁70）

對於退休後生活安排，女性似乎較為積極。辜慧瑩（2000）相信女性對喪失工作角色持較正向態度，並在退休生活安排行為上較積極。林東龍等人（2011）研究亦同意：當男性面臨退休角色重構時，存在更多需要調適的困境，包括社會參與、家庭互動關係、缺乏心理情緒與抒發管道、就業需求與障礙等。所以，各機構或許可以思考如何在男性退休前給予這些方面積極的協助，以度過其「退休危機」。

參與社區組織促進人際關係

近年來台灣提倡之社區各種組織，適當的提供老人參與社區活動的機會，進而形成一股鄰里間長輩互相關懷的社會支持力量，同時進一步滿足了他們人際互動的人類基本需求。傅從喜（2012）提到台灣近年來在政治社會與文化面都強調「在地認同」、「居民參與」及「地方特色」的發展，此一發展也帶動了台灣社區營造的風潮，譬如台南的「村里關懷中心」以及嘉義縣的「長青活力站」。這兩個單位結合了地方政府及鄰里資源的力量，對於老人社區照顧

服務與資訊的提供有很大的貢獻。從另一角度來觀察，辛榕芝（2005）認為社區間類似組織，老人彼此情誼早已存在，尤其對一些獨居的老人來說，鄰里比子女更是其平日的生活依靠，是工具性、情感性、訊息性支持的重要來源。譬如有些村里關懷中心每週或每月定時邀約診所醫師進行老人基本身心健康檢查服務或身心健康方面知識性宣導（工具性）；老人一起邀約聽講（情感性）；或提供老人福利等相關資訊（訊息性）。就促進人際關係及人際互動角度來看，這些組織特別適合高齡者踴躍參與。

劉慧俐（2007）提到，2002 年世界衛生組織所提出之活躍老化，已成為世界各國對於老年健康政策擬定之核心觀念，為了使高齡化成為正面的經驗，高齡者必須具備持續的健康、參與安全的機會，因此活躍老化的定義即為：使老人擁有健康身體、參與社區（會）和老人身體安全等三方面達到最適化機會的過程，以提高每一位老年人生活品質。李百麟（2009）也強調，長輩們與社區鄰居互動對於老人成功老化的重要性。

內政部（2012）為國內主要支持老人活動的政府單位之一，根據其官方發布之資訊：

> 內政部持續補助民間單位辦理各項老人福利活動，來滿足老人休閒、康樂、文藝、技藝、進修及聯誼等需求，達到增添老人生活情趣、提升銀髮族身心靈快樂，健身、防老的雙重效能。舉例來說，100 年度計補助民間單位辦理各項敬老活動、長青運動會、才藝競賽、歌唱比賽、槌球（球類）比賽、研討會、團體輔導、老人健康講座及老

人福利宣導等多項活動共 834 案，1,134 場次，計有 28 萬
7,200 人次參加。

我們盼望政府單位持續及擴大多多支持老人活動，並且在活動
後檢討利弊得失，裨益老人身心健康。

社區案例——苗栗縣愛加倍社區關懷協會

社團法人組織「苗栗縣愛加倍社區關懷協會」，對於老人的支
持及照顧活動也不遺餘力。譬如設立網路影音媒體行銷宣傳（紀錄
影片上傳 YouTube 網站、老吾老部落格建立、松柏老人網站建
立）、樂齡報導雜誌報刊化（增加感人故事與發行次數）、樂齡宣
導摺頁印製、老人基本生活知能促進、年輕老人社區服務參與等（愛
加倍社區關懷協會，2013）。由於其活動內容相當充實，相信對於
老人人際互動、身心靈健康之促進皆有正面之助益。表 9-1 為他們
關於老人身心照顧依據之政府計畫名稱及活動內容概要（引自愛加
倍社區關懷協會，2012a）。

愛加倍社區關懷協會另外還成立通霄鎮樂齡學習資源中心，相
當有特色。其服務內容包括：

1. **團體諮商輔導課程**：以懷舊分享、音樂輔導等成長小團
   體工作方式，提供有心於個人成長的長輩自我探索、同
   儕輔導的服務，紓解身心壓力，增強人際互動能力，開
   發個人潛能，建立自信心。

表 9-1　苗栗縣愛加倍社區關懷協會老人活動方案摘錄

服務族群	名　稱	概　述
社區老人	社區照顧關懷服務據點設置計畫	針對社區老人或身心障礙者提供居家關懷訪視、電話問安、諮詢轉介、營養餐食供應、促進身心健康及休閒聯誼活動等服務。
	教育部補助設置樂齡學習資源中心計畫	提供社區中高齡老人學習成長、團體支持、社會參與等服務。
	通霄鎮老人成長團體輔導福利服務課程計畫	以小團體方式促進社區老人自我了解與人際溝通。

2. **說故事老人志願服務**：推動活化歷史服務方案，培育老人說故事技巧，鼓勵老人進入學校服務學童，口述生命故事，增進社會參與，促使自我實現。

3. **老厝邊社區刊物**：邀請公教退休老人成立編輯小組，每三個月發行一次八百份，一年計四次的「樂齡學習資源中心」社區老人刊物，報導老人生活相關訊息與分享生活經驗。

4. **服務老人志願服務**：招募三十位社區愛心媽媽與退休公教人員成立老厝邊志工隊，進行十二小時職前訓練與每個月一次二小時的在職教育訓練與個案研討會，提供社區老人關懷訪視、健康促進、電話問安與送餐等貼心的服務。

5. **終身學習活動**：設計健康促進、藝術創作、生活知能、
休閒育樂、家庭代間關係與自我心理調適等六大類課程
提供老人學習機會，有延緩老人智力退化，促進身心健
康，增加生活樂趣，增進家庭祥和，提升社會參與的效
果。（愛加倍社區關懷協會，2012b）

　　由於成功老化及活躍老化的概念中皆提到與社區或鄰里朋友互
動的重要性，近年來，老人人口更是急速增加，政府施政方向上也
逐漸注意到老人領域事務。歸納之，創建一個友善老人社區，可以
增加老人與社區互動的意願，協助老人建立支持性的人際互助網絡，
更可使老人快樂的、有安全感的享受晚年生活。

🍁 如何與老人溝通

　　有人以為與老人溝通並不是件容易之事，就照護者而言，無論
其為專業人員或是家人，協助長輩並進而爭取其支持合作是重要的。
李宗派（2009）提出與老人溝通時應注意事項，提供社會服務人員
如社會工作師、心理師、護理師、復健師、老人保健師、休閒治療
以及志願工作者參考：

1. 跟老人案主溝通最主要之目的，就是要了解老人目前之
生活狀況及身心需要。
2. 要跟老人建立一種彼此信任之互動關係，讓老人案主理
解協助者之善意動機，要爭取老人之支持與合作。

3. 要使用口語與非口語之溝通技巧,促進正面之互動與回應。

4. 要協助老人案主表達內心之感受,疏導其情緒之發洩,以了解老人問題之癥結及急迫性。

5. 要提供生活資訊給老人,使其獲得教育機會及身心保健之常識。

6. 要支持老人建立自信心,可信賴協助者去偵測其身心疾病之就醫、護理與保健需要。

7. 經由老人或其家屬自動自發提出家庭生活資料,以便正確評估其社會福利、醫療保健與社區服務需求。

8. 透過溝通去了解影響老人溝通之阻礙因素,確認老人案主之理解能力、記憶能力、視力、聽力以及口語之了解程度。

9. 建立彼此之友誼關係,以便下次從事家庭訪問之計畫。

（李宗派,2009）

　　與老人溝通以了解其需求為起點,在溝通的過程中應以建立信任與關懷之心為基礎,應用口語與非口語的正向溝通技巧傳達,必要時提供老人資訊,以解決問題或協助其適當的抒發情緒。

參考文獻

中文部分

內政部（2012）。內政部政務次長簡太郎下鄉，造訪新園鄉老人會，關懷地方老人團體需求。取自 http://www.moi.gov.tw/chi/chi_news/news_detail.aspx? sn=6239&type_code=02

李百麟（2009）。高齡者之生活滿意度與成功老化各因素關係之探討。**危機管理，6**（2），25-38。

李宗派（2009）。探討溝通概念與技巧「如何與老人和失智症患者保持和諧之關係」。**台灣老人保健學刊，5**（1），1-16。

老公退休，亂了我的生活（2009，10 月 31 日）。**聯合報，D1** 版。

辛榕芝（2005）。老人社區照顧支持網絡之探討：以台南縣佳里鎮嘉福村里關懷中心為例。國立中正大學社會福利研究所碩士論文，未出版，嘉義縣。

林東龍、余嬪、陳武宗（2011）。退休經驗的社會脈絡分析。**台灣社會福利學刊，9**（2），39-90。

辜慧瑩（2000）。**退休調適性別差異之研究**。國立政治大學社會學系碩士論文，台北市。

傅從喜（2012）。**台灣農村地區老人社區照顧的發展與挑戰**。2012 年 7 月 13 日，取自 http://www.ccswf.org.tw/files/7100/14/5.傅從喜.pdf

愛加倍社區關懷協會（2012a）。**苗栗縣愛加倍社區關懷協會 99 年工作計畫**。2012 年 6 月 10 日，取自 http://www.godloveyou.org.tw/ap/cust_view.aspx? bid=48

愛加倍社區關懷協會（2012b）。**中心特色**。2012 年 6 月 10 日，取自 http://www.godloveyou.org.tw/ap/cust_view.aspx? bid=67

愛加倍社區關懷協會（2013）。**中心發展近況**。2013 年 5 月 21 日，取自 http://www.godloveyou.org.tw/ap/cust_view.aspx? bid=66

劉慧俐（2007）。人口老化的趨勢與對策。**高醫醫訊，26**（11），5。

英文部分

Birditt, K. S., Jackey, L. M. H., & Antonucci, T. C. (2009). Longitudinal patterns of negative relationship quality across adulthood. *The Journals of Gerontology Series B: Psychological Sciences and Social Science, 64B*(1), 55-64.

Carstensen, L. L. (2006). The influence of a sense of time on human development. *Science, 312*, 1913-1915.

Carstensen, L. L., Isaacowitz, D. M., & Charles, S. T. (1999). Taking time seriously: A theory of socioemotional selectivity. *American Psychologist, 54*, 165-181.

Caughlin, J. P., & Huston, T. L. (2006). *The affective structure of marriage: The Cambridge handbook of personal relationships.* Cambridge, UK: Cambridge University Press.

Charbonneau-Lyons, D. L. (2002). Opinions of colleges students and independent-living adults regarding successful aging. *Educational Gerontology, 28*, 823-833.

Costa, P. T., & McCrae, R. R. (1988). Personality in adulthood: A six-year longitudinal study of self-reports and spouse ratings on the NEO personality inventory. *Journal of Personality and Social Psychology, 54*, 853-863.

Davies, K. (2012). *Want to live to 100? Get some sleep.* Retrieved April 10, 2013, from http://www.empowernetwork.com/kerrydavies/blog/live-to-100/

Devito, J. A. (2003). *The interpersonal communication book* (10th ed.). New York, NY: HarperCollins Publishers.

Fingerman, K. L., & Charles, S. T. (2010). It takes two to tango: Why older people have the best relationships. *Current Directions in Psychological Science, 19*(3), 172-176.

Fingerman, K. L., Hay, E. L., & Birditt, K. S. (2004). The best of ties, the worst of ties: Close, problematic, and ambivalent relationshipsacross the lifespan. *Journal of Marriage and Family, 66*, 792-808.

Jeste, D. (2005). *Secrets of successful aging: An expert interview with Dilip Jeste, Medscape Psychiatry and Mental Health.* Retrieved from http://www.medscape.com/viewarticle/511194

Kelley, H. H., Bercheid, E., Christensen, A., Harvey, J. H., Juston, T. L., Levinger,G., & Peterson, D. R. (1983). *Close relationship.* New York, NY: W. H. Freeman.

Montross, L. P., Depp, C., Daly, J., Reichstadt, J., Golshan, S., Moore, D., ... Jeste, D. V. (2006). Correlates of self-rated successful aging among community-dwelling older adults. *American Journal of Geriatric Psychiatry, 14*(1), 43-51.

Nagasawa, M., & Ohta, M. (2010). The influence of dog ownership in childhood on the sociality of elderly Japanese men. *Animal Science Journal, 81*(3), 377-383.

Raina, P., Waltner-Toews, D., Bonnett, B., Woodward, C., & Abernathy, T. (1999). Influence of companion animals on the physical and psychological health of older people: An analysis of a one-year longitudinal study. *Journal of the American Geriatrics Society, 47*, 323-329.

Seeman, T. (2000). *Successful aging: Fact or fiction?* Paper presented at the UCLA Center on Aging Event, Fall Community Meeting, Los Angeles, CA.

Siebert, D. C., Mutran, E. J., & Reitzes, D. C. (1999). Friendship and social support: The importance of role identity to aging adults. *Social Work, 44*(6), 522-533.

Szinovacz, M. E., & DeViney, S. (1999). The retire identity: Gender and race differences. *Journal of Gerontology: Psychology Science & Social Sciences, 54B*(4), S207-S218.

Taylor, M. A., & Doverspike, D. (2003). Retirement planning and preparation. In G. A. Adams & T. A. Bechr (Eds.), *Retirement: Reasons, processes, and results* (pp. 53-82). New York, NY: Springer.

United Health Care (2012). *100@100survey: Report of finding.* Retrieved May

25, 2012, from http://www.unitedhealthgroup.com/news/rel2012/United-Healthcare100at100SurveyRepo rt.pdf

Whitbeck, L., Hoyt, D. R., & Huck, S. M. (1994). Early family relationships, intergenerational solidarity, and support provided to parents by their adult children. *Journals of Gerontology: Psychology & Social Sciences, 49*, S85-S94.

第十講 老人身體活動

國民的身心健康是政府不可推卸的責任，世界各國政府與學界及民間單位無不極力研究及倡導身體活動對於身心健康的重要性。

　　強國必先強身，國民的身心健康是政府不可推卸的責任，世界各國政府與學界及民間單位無不極力研究及倡導身體活動對於身心健康的重要性。北美華文新聞媒體世界新聞網（2012）報導有關台灣推動體育活動的目標如下：

　　　　總統昨天與體育團體座談時表示，體育是長期工作……市民運動中心，目前每月使用人數超過 100 萬人次，未來將拓展至全台……並在鄉村地區規劃運動公園等。根據國民健康局最近調查，每兩名成年男性就有一名過重，每三名成年女性有一名過重，每四名小孩有一名過重；台灣人過重比率，已居亞洲之冠，飲食與運動是維持健康的不二法門。

　　過去台灣以經濟建設為主軸，在國民經濟水準提高之後，近年來國內外健康機構，如世界衛生組織及眾多學者呼籲重視身體活動來增進國人身體健康，我們當然引頸企盼希望政府能早日落實如上述建設運動公園等之相關政策。

　　身體活動之定義雖有多種但基本上大同小異，謝幸珠（2002）引述 Caspersen、Powell 與 Christenson（1985）定義如下：

　　　　廣義地說是指骨骼肌收縮與伸展所產生的身體動作，造成熱量的消耗。閒暇時間的身體活動和運動都是身體活動的一部分，前者是指個人工作以外的活動，快樂的走步或家裡的庭院工作可以說是最普遍的閒暇活動，而運動是

指一種有計畫、有組織、反覆的、有目的的維持或促進體
適能的身體活動。（頁 93）

❀ 運動對於身心之影響

一、對於身體健康的影響

哈佛校友健康研究（Harvard Alumni Health Study）機構的學者
Lee（2002），在其研究中敘述身體活動的健康效益與預防癌症的發
展（引自謝幸珠，2002），摘要如下：

1. **延長壽命**：哈佛校友健康研究 1986 年發表，大體而言，經常有身
   體活動者較沒有活動者可多延長兩年壽命。
2. **降低罹患心臟病的危險率**：有身體活動者較沒有活動者罹患心臟
   病的危險率較低。
3. **降低罹患第二類型糖尿病的危險率**：身體活動程度愈多者，可降
   低罹患第二類型糖尿病的機率。
4. **改善生活品質**：該研究調查了 40 位年齡在五十至七十五歲身體健
   康、靜態生活、有睡眠困擾者，發現他們每週運動四天，每天快
   走或低衝擊有氧運動 30～40 分鐘，共持續 16 週後，睡眠習慣獲
   得改善，晚上較容易入睡。他們原本實驗前需 30 分鐘才能入睡，
   睡 6 小時，實驗後 15 分鐘就能入睡，可睡 7 小時，白天打瞌睡時
   間也縮短。
   另有研究也發現，那些經常抱怨睡眠不佳者，經過每週四天、每
   天 30～40 分鐘的輕快走路後，睡眠能獲得改善（King, Oman,

Brassington, Bliwise, & Haskell, 1997）。這種快走活動對於因為提供照顧給病人（如失智症患者）而自覺睡眠不佳者也同樣有效果（King, Baumann, O'Sullivan, Wilcox, & Castro, 2002）。若將身體活動強度增強，例如做一些力量及重量系統性身體活動（常見的有肌肉器具或有氧鍛練），即所謂的阻力訓練（resistence training），則研究顯示，這些活動對於那些老年憂鬱症患者也同樣具改善效果（Singh, Clements, & Fiatarone, 1997）。

5. **身體活動預防癌症的發展：**可預防結腸癌、直腸癌、乳癌、攝護腺癌等癌症發生的機率。

二、對於身體心理之正面影響

　　Lee、Lan 與 Lee（2012）引用美國大型長期資料庫分析發現，那些較少從事走路運動（或其他劇烈運動）的老人，比常常做走路運動（或其他劇烈運動）的老人罹患憂鬱症呈現出統計上顯著的差異效果，比率高出 30%（33%）。但該研究指出，運動與死亡率之間無一定相關性，因為較少走路者雖顯著增加 72%的死亡率，但劇烈運動者之死亡率卻並未減少。此結果可能與太過劇烈運動可能反而增加心血管疾病發生有關（Corrado et al., 2011），過猶不及同樣可應用於此。

　　許多研究一致支持運動之正面效果，譬如 Camacho、Roberts、Lazarus、Kaplan 與 Cohen（1991）的美國加州舊金山灣區一帶居民研究（Alamenda County Study），發現那些常運動者比起那些較少運動者減少了 70% 罹患憂鬱症的機率。Wiles、Haase、Gallacher、Lawlor與Lewis（2007）使用英國南威爾斯卡菲利自治市（Caerphil-

太極拳林順發老師（圖正中者）帶領學員於屏東教育大學練習太極拳。

（照片提供：林順發老師）

ly）一帶居民資料庫進行身體活動與心智疾病關係研究，其研究特別之處在於同時運用長期研究法中橫貫面及縱貫面的資料，分析純粹的休閒活動與職業工作中所產生的身體活動量對於心理疾病之不同影響。結果發現那些較常從事休閒活動的中年人（活動量較大者），當年及五年後出現較少的心理疾病，如憂鬱症及焦慮症；而職業工作中所產生的身體活動能量則無法看出其與心理疾病的關係，亦即工作上的身體活動並無法減低心理疾病的發生率。不過，無論是職業或休閒的運動，用來預測十年後的效果就無法呈現有意義的相關性。

　　以上所提及的內容，說明身體活動對健康的正面效果。另外，也有些研究提出不從事任何運動對身體的負面影響（詳參 Ewing, Schmid, Killingsworth, Zlot, & Raudenbush, 2003; National Heart Foundation of Australia, 2007）。

三、運動無法預測長期的心理影響

　　雖然不少的研究都提到運動對身心的重要性，可是另有些研究結果未發現其長期效果。譬如 Weyerer（1992）使用 Upper Bavarian Field Study 資料分析，研究結果發現在橫斷式（當時期）的群體相比較雖有正面效果，但在長期追蹤的研究結果（五年後）卻未呈現出運動可降低憂鬱症發生機率的效果。Kritz-Silverstein、Barrett-Connor 與 Corbeau（2001）的八年長期追蹤資料分析研究，也未發現老人運動與憂鬱症之間的關聯。

　　總之，由於研究方法、樣本、文化等因素不同，產生之結果略有不同可以理解，但絕大多數的科學性研究都是支持身體活動對於身心健康具有正面效果。但是，運動也應有注意的事項，簡述如下。

🍁 身體活動量及運動應注意事項

　　德國學者 Raum、Rothenbacher、Ziegler 與 Brenner（2007）曾以劇烈身體活動對心臟病有益或有害為主題進行研究。此研究蒐集 9,953 位五十至七十四歲中老年人的運動資料統計發現，從來不從事劇烈身體活動者與過多劇烈身體活動者（每週運動時間大於或等於 40 小時），比那些每週從事七小時左右身體活動者多出 1.65 及 1.69 倍罹患心臟病的機率。可見運動並非萬靈丹，亦有過猶不及的情況，不運動和過度激烈運動對身體同樣具有傷害。

　　此外，美國蒙大拿州衛生部門網站（Montana Ministry for Health, 2012）建議罹患糖尿病病人最好每天運動，時間從每天 30 分鐘

增加到 60 分鐘。但是罹患心臟疾病及腳關節病變者或其他有顧慮者，運動的強度則應考慮減少，應該先詢問醫師評估許可的運動量，再做適當身體活動。李適宜醫師（2013）認為：「對心臟病患來說，以『等張』肌肉運動較合適，首先可以想到的就是『散步』，散步過程建議以拐杖輔助，因為此類病患多合併有肌肉骨骼疾病。透過每天持續進行以上運動，對心臟的復健來說是最合適的。」他補充建議：「廣義而言，四十歲以上男性及停經以後的女性，皆建議做醫學檢測，然後再決定運動的類型。」

香港大學醫療保健處對於個人運動也有類似的建議（香港大學，2012）如下：

1. **缺乏運動**：適當有氧的運動可以加強心肺功能；缺乏運動會容易令身體過胖，是導致患上心臟病的危險因素。

2. **運動過量**：心臟病患者運動後的心臟功能復原較慢，亦會有心跳、氣喘和脈搏凝滯現象。所以如患者運動過量，便容易引致病發。

3. **運動須知**：
   (1) 運動要規律化。
   (2) 運動要循序漸進，不可心急。
   (3) 運動前需要熱身。
   (4) 注意作息定時、飲食均衡與運動同等重要。
   (5) 持久性的運動對心臟最有益，例如跑步、游泳、單車及走路。
   (6) 避免競爭性及過分劇烈的運動。

(7) 若感到胸口痛、疲倦、心悸、氣喘或暈眩，應立刻停止。

(8) 如患傷風感冒、發燒或感到不適，便應暫時停止活動，直至痊癒為止。

(9) 運動後要做靜止前的舒緩運動，使心跳漸復平穩。

社會經濟因素與身體活動關係

　　學者 He 與 Baker（2005）探討教育及種族社會經濟因素對於身體活動量差異性關係，他們分析資料包括美國健康與退休資料庫中（Health and Retirement Study）9,261 位五十一歲至六十一歲居住於社區的中老年人。在其研究中，身體活動型態區分為休閒身體活動（leisure time physical activity）、工作職務相關身體活動（work-related physical activity）與從事家事所產生的身體活動（household physical activity）三類。他們發現：

一、在種族方面

　　相較於非裔美人與墨裔美人，美國白人從事較高頻率的休閒型活動及較低頻率的工作產生之相關身體活動。

二、在教育方面

　　教育程度愈低者從事愈少的休閒活動，但具有較高頻率的工作相關身體活動。與種族因素相比較，教育程度之高低對於休閒及工作身體活動會有較高的預測能力。同時，就身體總活動量而言，非裔美國人比墨裔美國人及白人有顯著較高程度的身體活動量。

　　另一個美國大型資料庫（Behavioral Risk Factor Surveillance System- BRFSS）的分析報告（Brownson & Boehmer, 2004）指出，只有14.5%的高中畢業以下者達到運動建議指標，但卻有高達34.2%的大學畢業者達到該指標。顯示高教育程度者似乎比較知道運動對身心健康維護的重要性，且努力去執行身體的健康行為。當然也有可能低教育程度者每天已經從事太多消耗體力的活動，無暇再做耗力的休閒體能活動。這裡所說的指標為每天30分鐘的中等程度運動，加上每週持續五天以上活動量；或每天20分鐘的劇烈程度運動，加上每週持續三天以上活動量。

三、在性別方面

　　至於性別的差異呢？BRFSS資料庫顯示，美國約有26.2%的成年人達到運動的建議指標，而男性似乎較女性更能達到身體活動的建議指標，至少從1990年到2000年的資料是如此呈現的。根據Brownson與Boehmer（2004）的數據，男性與女性所達到身體健康活動量的建議指標比率約為27.1%與25.4%，雖然男性較多，但兩者都太少了，都需加油，因為四個人中僅有約一人達到標準。

　　所以，如何提升民眾休閒活動之動機或策略應該是一個社會議題，筆者查過目前學界此方面的文獻，也只發現少數幾篇，值得社會各界多加討論。

❋ 身體活動對於認知能力是否有影響

　　失智症問題對於老人記憶力、生活功能、自我照顧能力，甚至對於照顧者的身心、家庭及政府的經濟支出都有巨大的影響，故普

遍受到全球關注。尤其台灣高齡化速度在全球各國中名列前矛,與失智症相關議題自然應該日漸增溫。位於美國西雅圖的非營利健康組織 Grouphealth(2009)對失智症預防建議是,中年時期即可進行降低失智症機率的行為,如不抽菸、不喝酒、減少膽固醇攝取及多運動等。此外,美國匹茲堡大學 Erickson 等人(2011)研究證實,經過規律性的中等程度運動較些微運動能有效降低失智退化問題。他們的研究顯示,一週快走三次、每次 40 分鐘,一年下來的中年以上族群,他們負責大腦記憶的海馬迴組織之體積增加 2%(剛好可以抵銷該組織神經退化的速度),然而那些控制組僅做伸展活動者,一年後海馬迴體積則減少 1.4%。

有關身體活動與失智症之相關性研究,目前似乎仍無絕對的定論。在前幾講中曾提到:獲得美國國家健康中心經費支持的杜克大學學者 Plassman 等人(2010)的研究團隊指出,生活習慣的改變諸如經常性的身體運動,進行大腦活動練習以及攝取 omega 3 脂肪酸等無法證實可有效改善大腦認知能力。最近英國布里斯托大學(University of Bristol)與卡迪夫大學(Cardiff University)Morgan、Gallacher、Bayer、Fish、Ebrahim 與 Ben-Shlomo(2012)的研究探討休閒及工作(leisure-time and work-related)兩種不同屬性的身體活動量對於失智症所產生的影響,他們使用 Caerphilly Prospective Study 資料庫分析 1,055 位中高年齡層人士(48～66 歲)。他們的結論是,無論是休閒性質或工作性質的身體活動,都無法有效預測 16 年後的失智症發生率。所以 Morgan 等人認為,過去研究支持兩者間(運動與認知)有因果關係的學者或許是過分樂觀了。不過,筆者須強調,絕大多數的研究仍傾向身體活動對於身心健康是有顯著的正面效果。

有些學者試圖將身體活動細分成工作（work-related）、家事（household）及休閒（leisure）三種活動來進一步分析研究。朝此方向研究是有其意義的，譬如說，有些人家中雜事做得多，但很少得到休閒時間來從事旅遊等活動，如此是否仍能享受到家事上的「身體活動」所帶來的健康上助益？或是有些人工作時需耗費大量體力，算不算是一種有益身心的運動？由於以往大部分的研究皆得自於分析休閒活動對身體的助益，最近學者們開始注意到其他型態的身體活動，認為似乎也應對於身體的健康展現統計分析上的差異。例如，Fransson、Alfredsson、de Faire、Knutsson、Westerholm 與 WOLF Study（2003）就發現，這三種身體活動只有休閒活動可以降低心血管疾病，至於工作和家事型的身體活動則未見其關聯。

Lee、Chiao 與 Wang（2013）使用美國 MIDUS 大型資料庫分析 2,249 位中高年齡人士中，三十五歲至六十五歲有全職或兼職工作者的資料，分析其是否經常從事工作型、家事型及休閒型身體活動和他們「自我記憶力評量」之影響。身體活動的分數來自於自我評量的活動量，詢問受訪者一年來身體活動的情形。研究結果顯示，工作上及休閒上花費中等程度頻率之休閒活動與其五年來的「記憶抱怨」成反比關係，即是從事中等強度休閒活動量多者，較少抱怨「五年來記憶減弱」；但在家事上花費身體活動量多者，則與五年來的記憶力呈現正比現象，即是較常抱怨「五年來記憶減弱」。此種現象即使控制了其他相關變項，如年齡、教育程度、性別、抽菸、喝酒、財務狀況及心臟疾病等後，仍呈現顯著的關聯。也就是說從事家事較多者，較易出現記憶抱怨行為。記憶抱怨之重要性在於它被歸類為輕度認知功能障礙的徵狀之一，而有這種障礙者未來有較高

機率發展成失智症（比一般人高約 10 倍左右）。

　　對於女性來說，家事似乎是一個重要的身心壓力來源。馮燕（1992）調查指出，家事太多嚴重困擾婦女生活。相關研究也指出家事太多是二度就業婦女最高壓力的來源（陳雅薇，2001），所以家事太多影響生活及壓力、影響個人認知能力是合乎邏輯的。

　　關於上述提到運動強度之評量，怎樣才叫做劇烈、中等或低等強度？讀者可參考美國國家疾病控制與預防局（CDC, 2013）及英國健保局（NHS-UK, 2013）網頁的資訊。大致上來說，若運動時仍能輕易講話，則該運動為輕度運動，例如散步；若運動時講起話來有些費力不順，則為中度運動，例如快走；若運動時講話很費力，上氣不接下氣，則為劇烈運動，例如跑步。

🍁 結論

　　雖然身體活動對於身體健康的重要性為老生常談，卻不為多數人所重視。譬如世界衛生組織（World Health Organization, 2012）提到，已開發國家有超過半數的成人身體活動量不足，這個現象在開發中國家更為嚴重（另參考 Martin et al., 2006）。

　　國內在運動方面提倡「三三三」原則：每週三天、每天三十分鐘及心跳每分鐘達到 130 下。美國、英國和澳洲等國學者及健康機構（American Heart Association, 2013; Haskell et al., 2007; NHS-UK, 2013）則建議：每週至少運動五天、每天三十分鐘（大約相當於每週 150 分鐘的中等強度運動，加上兩天或兩天以上的肌肉強度增強訓練），以保持健康身體。不同國家對身體活動強度之提倡雖不盡相同，基本上都強調身體活動有益於身心健康，並保持快樂的心境。

中文部分

世界新聞網（2012）。馬英九：全台建 **50** 運動中心。2012 年 7 月 24 日，取自 http://www.worldjournal.com/view/full_news/19493420/article

李適宜（2013）。晨星健康養生網：是不是有心臟病的人，就不適合進行運動？2013 年 5 月 13 日，取自 http://health.morningstar.com.tw/healthqa/sick_ans.asp? id=494

香港大學（2012）。心臟病。取自 http//www.uhs.hku.hk/heart/heart_drivernsapi

陳雅薇（2001）。二度就業婦女的家庭壓力與社會支持之研究。東吳大學社會工作研究所碩士論文，未出版，台北市。

馮燕（1992）。婦女生活壓力知覺與應對模式：多元婦女的觀點。台灣大學社會學刊，**21**，160-198。

謝幸珠（2002）。身體活動對健康的影響。淡江體育，**5**，93-100。

英文部分

American Heart Associaiton (2013). *American Heart Association recommendation for physical activity in adults.* Retrieved April 2, 2013, from http://www.heart.org/HEARTORG/GettingHealthy/PhysicalActivity/StartWalking/Ameri can-Heart-Association-Guidelines_UCM_307976_Article.jsp

Brownson, R. C., & Boehmer, T. K. (2004). *Patterns and trends in physical activity, occupation, transportation, land use, and sedentary behaviors.* St. Louis, MO: Saint Louis University.

Camacho, T. C., Roberts, R. E., Lazarus, N. B., Kaplan, G. A., & Cohen, R. D. (1991). Physical activity and depression: Evidence from the Alameda County Study. *American Journal of Epidemiology, 134,* 220-231.

CDC (2013). *Measuring physical activity intensity.* Retrieved April 1, 2013,

from http://www.cdc.gov/physicalactivity/everyone/measuring/index.html

Corrado, D., Schmied, C., Basso, C., Borjesson, M., Schiavon, M., Pelliccia, A... Thiene, G. (2011). Risk of sports: Do we need a pre-participation screening for competitive and leisure athletes? *European Heart Journal, 32*(8), 934-944.

Erickson, K. I., Voss, M. W., Prakash, R. S., Basak, C., Szabo, A., Chaddock, L., ... Kramer, A. F. (2011). Exercise training increases size of hippocampus and improves memory. *Proceedings of the National Academy of Sciences, 108*(7), 3017-3022. doi: 10.1073/pnas.1015950108

Ewing, R., Schmid, T., Killingsworth, R., Zlot, A., & Raudenbush, R. (2003). Relationship between urban sprawl and physical activity, obesity, and morbidity. *American Journal of Health Promotion, 18*, 47-57.

Fransson, E. I., Alfredsson, L. S., de Faire, U. H., Knutsson, A., Westerholm, P. J., & WOLF Study (2003). Leisure time, occupational and household physical activity, and risk factors for cardiovascular disease in working men and women: The WOLF study. *Scandinavian Journal of Public Health, 31*(5), 324-333.

Grouphealth (2009). *Dementia: Diagnosis and Treatment Guideline.* Group Health Cooperative, 1-13.

Haskell, W. L., Lee, I. M., Pate, R. R., Powell, K. E., Blair, S. N., Franklin, B. A., ... Bauman, A. (2007). Physical activity and public health: Updated recommendation for adults from the American College of Sports Medicine and the American Heart Association. *Medicine & Science in Sports & Exercise, 39* (8), 1423-1434.

He, X. Z., & Baker, D. W. (2005). Differences in leisure-time, household, and work-related physical activity by race, ethnicity, and education. *Journal of General Internal Medicine, 20*(3), 259-266.

King, A. C., Baumann, K., O'Sullivan, P., Wilcox, S., & Castro, C. (2002). Effects of moderate-intensity exercise on physiological, behavioural, and emotional responses to family caregiving: A randomised controlled trial. *Journals of Gerontology Series A, Biological Sciences and Medical Sciences, 57,* M26-M36.

King, A.C., Oman, R.F., Brassington, G. S., Bliwise, D. L., & Haskell, W. L. (1997). Moderate-intensity exercise and self-rated quality of sleep in older adults: A randomised controlled trial. *Journal of the American Medical Association, 277,* 32-37.

Kritz-Silverstein, D., Barrett-Connor, E., & Corbeau, C. (2001). Crosssectional and prospective study of exercise and depressed mood in the elderly: The Rancho Bernardo Study. *American Journal of Epidemiology, 153,* 596-603.

Lee, P. L., Chiao, J. H., & Wang, C. L. (2013). Physical activity and memory complaints in middle-age Americans, results from MIDUS study. *Journal of American Alzheimer's Disease and Other Dementia.*

Lee, P. L., Lan, W., & Lee, C.-L. C. (2012). Physical activity related to depression and predicted mortality risk: Results from Americans' changing lives study. *Educational Gerontology, 38*(10), 678-690.

Martin, B. W., Kahlmeier, S., Racioppi, F., Berggren, F., Miettinen, M., Oppert, J.-M. ⋯ Sjöström, M. (2006). Evidence-based physical activity promotion: HEPA Europe, the European Network for the Promotion of Health-Enhancing Physical Activity. *Journal of Public Health, 14,* 53-57.

Montana Ministry for Health (2012). *Health, elderly, and community care: Diabetes.* Retrieved July 25, 2012, from https://ehealth.gov.mt/HealthPortal/health_institutions/hospital_services/mater_dei_hospital/diabetes/food_diabetes.aspx

Morgan, G. S., Gallacher, J., Bayer, A., Fish, M., Ebrahim, S., & Ben-Shlomo, Y. (2012). Physical activity in middle-age and dementia in later life: Findings from a prospective cohort of men in caerphilly, South Wales and a meta-analysis. *Journal of Alzheimers Diseases, 31*(3), 569-580.

National Heart Foundation of Australia (2007). Physical activity and depression.

Retrieved March 8, 2010, from http://ww3.heartfoundation.org.au/SiteCollectionDocuments/GP%20PA%20and%20Depres sion%20Fact%20Sheet. pdf

NHS-UK (2013). *Physical activity guidelines for older adults.* Retrieved April 2, 2013, from http://www.nhs.uk/Livewell/fitness/Pages/physical-activity-guidelines-for-older-adults.aspx

Plassman, B. L., Williams, J. W., Burke, J. R., Holsinger, T., & Benjamin, S. (2010). Systematic review: Factors associated with risk for and possible prevention of cognitive decline in later life. *Annals of Internal Medicine, 153* (3), 182-193.

Raum, E., Rothenbacher, D., Ziegler, H., & Brenner, H. (2007). Heavy physical activity: Risk or protective factor for cardiovascular disease? A life course perspective. *Annals of Epidemiology, 17*(6), 417-424.

Singh, N. A., Clements, K. M., & Fiatarone, M. A. (1997). A randomised controlled trial of the effect of exercise on sleep. *Sleep, 20,* 95-101.

Weyerer, S. (1992). Physical inactivity and depression in the community: Evidence from the Upper Bavarian Field Study. *International Journal of Sports Medicine, 13,* 492-496.

Wiles, N. J., Haase, A. M., Gallacher, J., Lawlor, D. A., & Lewis, G. (2007). Physical activity and common mental disorder: Results from the Caerphilly Study. *American Journal of Epidemiology, 165*(8), 946-954.

World Health Organization (2012). *Global strategy on diet, physical activity and health: Myths about physical activity.* Retrieved July 24, 2012, from http://www.who.int/dietphysicalactivity/factsheet_myths/en/index.html

第十一講　老人學習

常言道：「活到老，學到老。」學習可以帶來
生活的樂趣。由於時代的變遷、壽命的延長、
終身思潮的影響等，高齡者的學習權與受教權
在今日更顯得重要。

　　「重要的事情是不要停止質疑，好奇心自有其存在的
理由。」（The important thing is not to stop questioning.
Curiosity has its own reason for existing.）

　　　　　　　　　　　　——愛因斯坦（Albert Einstein）

　　在美國聖馬利大學（San Mary's University）的老人學習中心網
頁開頭寫著以上這一句話，意思希望大家活到老、學到老，不要停
止探索新知。

　　常有人說：活到老、學到老，意即太多的事情我們不懂，去學
習可以增加知識及提升生活樂趣。根據筆者到樂齡大學為老人上課
的心得，很多學員說除了知識上的學習之外，認識一些新朋友，交

一群快樂學習的樂齡學習中心上課學員

換生活資訊、心得也是很重要的參與原因。還有些長輩則說：一天到晚待在家裡悶悶的，不如走出去。參加樂齡大學，到學校走走心情會有快樂的感覺。所以，學員們參加學習活動雖然目的不同（以樂齡大學為例），但是長輩們絕大多數都肯定它所帶來的正面效益。難能可貴的是，筆者看到參加活動的長輩來自於各個領域（士農工商皆有）及各老年階層（從五十餘歲到九十餘歲），這代表著課程內容只要安排得恰當就會有吸引力，這些活動是全面性可以被各種不同長輩所接受。因為學習是可以帶來樂趣的，要不，怎會有老人一連參加好幾期？當然，我們也得尊重各種不同興趣的長輩，所以老人課程規劃之相關研究也是應該重視的議題，諸如哪些課程活動最為老人所愛好（老人似乎普遍喜歡身體健康、烹飪，或體適能相

賢伉儷一起上學去——樂齡中心

關課程），成效如何？哪些課程活動對於老人身心靈之成長有需要（如情緒管理、心理健康、生死學、氣功）？或是哪些課程長輩有需要知道（如防騙或理財課程）？或因應社會變遷，長輩可以學習的課程（如人際之婆媳或代間溝通）。

黃富順（2012）認為老人人口快速增加，老人教育機會的提供，將是一項急遽的需求。因此，他也預估各種類型的老人教育將會不斷增加，如旅遊學習、海外研習、老人寄宿活動、第三年齡大學、長青學苑等，其型態愈來愈多樣，參與人數倍增，將帶動高齡教育的另一番氣象。

雖然美國哥倫比亞大學教授 Woodworth 早就提出，人類最有創造發明能力的年齡介於二十到四十歲之間（Moody, 2010），但我們這裡所提到的學習並不強調發明，學習牽涉到老人的福利甚至這也是他們的權利，不容剝奪。雖然長輩對有些事情或許反應的速度較慢，但是慢慢學習又何妨？學習中自有其樂趣。一份大樣本（3,616位中老年人）的美國研究顯示，那些接受較多（高）教育之參與研究者，甚至可以減少十年的大腦認知功能退化呢（Tun & Lachman, 2008）！

🍁 教育部高齡教育政策發展

教育部（2004）之我國老人教育政策專案研究計畫，開宗明義揭櫫：

　　　　由於時代的變遷、人民生活水準的提高、壽命的延

　　長、成人再學習能力的被證實及終身學習思潮的影響，高
　　齡者的學習權與受教權更顯得重要。此外，唯有藉由多元
　　多樣的教育與學習活動，方能真正滿足高齡者身、心、靈
　　的需求，積極有效地幫助高齡者邁向成功的老化。

可見，高齡者的學習是被認為有助於長輩身心靈的健康發展。

　　延伸自 1982 年的「國際老化行動計畫」，聯合國在 1999 年訂
定「國際老人年」（International Year of Older Persons, IYOP），指
出老人接受教育是一種基本人權，教育政策應考量老人教育權的原
則，提供高齡者充分的資源與適宜的教育方案（黃富順，2004）。
為因應老人接受教育權的趨勢，教育部於 1995 年發布「中華民國教
育報告書：邁向 21 世紀的教育遠景」，將「規劃生涯學習體系，建
立終身學習社會」，列為我國教育發展的重要方向；並將 1998 年訂
為「終身學習年」，發布「邁向學習社會」白皮書。2002 年頒布
《終身學習法》，使我國成為第六個專為終身學習立法的國家。
2004 年訂定「終身學習五年中程發展計畫」（教育部祕書室，
2012），其後，本於終生學習的理念及學習對於個人的影響，教育
部（2006）「老人政策白皮書」將老人教育的施行視為全民教育的
一部分，並揭示四大願景──終身學習、健康快樂、自主尊嚴、社
會參與。其最重要的施行意義在於：

1. 保障老人學習權益，提升老人生理及心理健康，促進成功老化。
2. 提升老人退休後家庭生活及社會的調適能力，並減少老化速度。
3. 提供老人再教育及再社會參與的機會，降低老人被社會排斥與隔
　　離的處境。

4. 建立一個對老人親善及無年齡歧視的社會環境。而後，2010年訂
　為終身學習行動年。

　　在《中華民國教育報告書：黃金十年、百年樹人》（教育部，
2011）中，教育部在完備終身學習體制，促進全民學習的發展策略
中，提出如下與老人學習相關的終身學習之願景：

> 　　整合各級推動單位、建立完整終身學習組織架構、落
> 實終身學習法制化、強化終身學習機構間的協調與統整、
> 提升終身學習品質及專業人員能力，宜儘速修正《終身學
> 習法》、提供民眾多元學習機會、規劃推動學習型城鄉、
> 活化現有學習空間為社區多功能學習中心、提供社區居民
> 暨社團共同參與學習之場域等，據以作為終身學習之重要
> 策略及推展終身學習的新思維與行動，以期擴增民眾終身
> 學習機會，落實終身學習之願景。（頁43）

老人教育需求

　　由於老人人口快速增加，年齡老化，空出的時間增加，老人各
種面向的教育學習機會的提供，可以增加老人時間運用的多一項選
擇。

　　蔡培村（1995）認為高齡學習符合生命發展階段性任務，滿足
了實際生活不同層次需求動機：

1. **應付的需求**：滿足生活必需的能力及技巧。
2. **表現的需求**：參與活動時能獲得成就感。

3. 貢獻的需求：如服務或宗教奉獻等參與，以提升個人的價值。

4. 影響的需求：參與社會事務活動能產生影響力，使社會改造。

5. 超越的需求：深入了解生命的意義時，精神需求層次的提升。

由以上五項動機觀之，這些大致皆與個人內在之心理需求直接或間接有關，亦即我們可以推論：學習與高齡者之心理健康是有正向關聯的（愈能參與學習，心理愈滿足，自然就愈健康）。

年輕人需要學習，因為可以為將來奠定良好職業上的基礎，為國家社會貢獻服務。老年人的學習可以想見是不同的。他們的參與學習可以是為了知識的取得、社交上的目的、情緒上的調節，或是為了純粹生活樂趣，還有，也許有些老人的學習是為了要防止認知上的退化。此外，其他學者也曾提及高齡者參與學習之多種原因，例如：解決發展任務需求、提高生活品質，或發展智慧結晶（黃富順，2004）。沙依仁（2005）認為，高齡者接受教育訓練的主要目的在於促進身心健康、延緩老化、節省國家醫療資源，以及愉悅的過晚年生活。

依據黃富順、林麗惠與梁芷瑄（2009）接受教育部委託所進行的「我國屆齡退休及高齡者學習需求」之調查研究，發現高齡者願意參與學習活動者達 60%。唯實際參與學習活動的人口比率僅為11.4%（吳明烈、李藹慈、賴弘基，2009）。對於這個差距，黃富順建議對於高齡學習機會的提供，應朝多元化的方向發展，且政府與民間兩種力量的結合更能促使學習的人數增加。根據筆者直接訪談老人及學習教育提供機構的經驗，除了黃富順等人所提的因素外，很多老人認為地緣（交通）因素是讓他們無法參與學習活動的主要

因素。也就是對於行動不便或是行動方便但是交通不便的長者，即使同一個鄉鎮，活動地點在不同村莊（區域）就會降低他們參與的意願。所以，如何更便利的提供他們的學習機會（學習的便利性），也是老人學習單位主事者可以思考的方向。

常見高齡者之學習課程

目前國內有不少單位設樂齡相關課程，諸如樂齡大學、社區大學、長青學苑、社區關懷協會，及其他高齡相關社團所開設的老人教育課程，其中很多皆以保健運動及技藝課程為主要課程。以下提供幾個大學附設樂齡學習中心之課程參考。

一、嘉南藥理科技大學

常見的老人學習課程內容如表 11-1 所示。該表所列課程為嘉南藥理科技大學老人服務事業管理系附設樂齡中心之某一學期課程表。由於教育部規劃第一屆樂齡學習中心時該校即參與籌辦，對於老人福利服務及照顧有相當之經驗，故提供參考。因該校為藥理科技大學，其課程內容亦相當反映該校專業醫藥特色及兼顧老人心理健康需求。

二、成功大學

國立成功大學整合其豐富的學習資源，塑建「終身學習、健康快樂、自主尊嚴、社會參與」樂齡教育的願景，規劃辦理樂齡大學。成功大學 101 學年度「樂齡大學」招生期課程分為：老化及高齡化相關課程及學校特色課程，分列如表 11-2 提供參考（成功大學推廣教育中心，2013）。

表 11-1　嘉南藥理科技大學老人服務事業管理系附設樂齡中心課程表

序號	科目	上學期時數	下學期時數	序號	科目	上學期時數	下學期時數
1	高齡者活躍老化策略	12		12	中老年理療養生		18
2	高齡者的終生學習與在地老化	12		13	中國書法之美	18	
3	中醫養生概念	12		14	泡湯養生水療	18	
4	高齡期心理壓力與情緒管理	18		15	功能性體適能活動	18	
5	如何做一個快樂的銀髮族		18	16	游泳健身活動		18
6	銀髮族養生與保健	18		17	太極養生操		18
7	生機飲食與健康	18		18	中東肚皮舞		18
8	老人安全用藥須知	12		19	代間學習體驗		6
9	養生點心製作	6	12	20	府城古蹟巡禮		12
10	中老年皮膚保養	6	12	21	中東肚皮舞成果表演		3
11	高齡者生命故事繪本創作與分享	12	6	22	太極養生操成果表演		3

資料來源：教育部樂齡學習網（2012a）

表 11-2　老化及高齡化相關課程

課　程　內　容	時數
增進失能老人日常生活功能的輔具	3
在地老化	3
代謝症候群的預防保健	6
急難救助	6
老人交通安全教育	6
老人安全用藥須知	6
老化及老人疾病的預防保健	6
從媒體談生活中隱含的老年影像	3
從電影談老年生活	6
活躍老化策略	3
淺談老人失智症之預防與治療	3
養生保健系列：手足按摩	6
開學典禮：相見歡——自我介紹及故事分享	3
成果分享與座談及結訓典禮	6
共　計	66

學校特色課程

課　程　內　容	時數
善生與善終	6
能量醫療	6
創意思考	3
居家照顧	6
藝文欣賞	6
世界文化資產	6
從服務中學習成長	6
預防憂鬱症	3
社區服務	9
注意力與記憶	3
樹谷考古中心	6
台江生態文化園區	6
共　計	66

資料來源：成功大學推廣教育中心（2013）；教育部樂齡學習網（2013）

三、明新科技大學

明新科技大學之樂齡學習中心課程規劃亦頗具特色。例如有些課程邀請老人進入教室與同學共同上課，除了對於老少雙方多是新奇的經驗外，也提供了自然的代間互動學習經驗。其課程上課時間以密集式為主，集中於週三、週四兩天，每週共九學分。課程可分為（明新科技大學，2012）：

1. **專題時間（二學分）**：安排不同主題之講座，以及至本校不同科系參訪，結合老人休閒、科技、產品、服務、研發之議題給予建議，並與各系師生互動。

2. **休閒性課程（三學分）**：包括運動、參訪、文藝、休閒性等課程，運動類型包括保齡球、撞球、水中有氧運動、高爾夫球等等。參訪包括歷史文物、社區營造、藝文活動、其中包括與大學生一起參加本校舉辦之藝文活動及 DIY 工作坊。

3. **隨班上課（四學分）**：週四上午、下午各隨班上一門課，與大學生一起學習，體驗代間互動學習。其隨班上課之課程有：人際關係與溝通、老人服務事業概論、老人保健與營養、老人流行病。

在課程設計方面，黃富順（2012）認為應該走的方向為：

> 鼓勵大學加入高齡學習推動的行列、建立結構較完整的學習制度（如學年制、學分學位制等）及發展網路學習等，尤其在內容上應包括概念性、知識性、運動性及休閒性等四種領域，而非局限於傳統的休閒娛樂性、養生保健等層面，才能迎合新一代高齡者的學習需求。（頁16）

　　前述課程為教育部的經費補助所開設者，其他單位諸如內政部
（2007）也對於一些老人課程及相關活動給予補助，例如補助辦理
各項敬老活動、長青運動會、才藝競賽、歌唱比賽、槌球（球類）
比賽、研討會、團體輔導、老人健康講座及老人福利宣導等活動。
有些活動是內政部優先補助的項目，如：老人心理健康、衛生教育
講座、生命關懷、預防保健講座（含自殺、憂鬱症、失智症等）、
老人各類體適能運動、團體治療、機構與家庭互動支持活動等。

　　此外，與高齡學習者在課堂上互動或許可以注意：(1)少談理
論、多講高齡者與生活相關教材；(2)運用多種共通語言（如國語、
台語，甚至客家語言）；(3)上課時可以多與學員有所互動；(4)給予
學員上課發言的機會；(5)上課時間不宜過長（要有下課時間，讓他
們身體舒展、活動或喝茶、如廁等）。若能生動有趣則最好不過，
不要填鴨式的教學（即使內容豐富，長輩們未必有體力或有興趣聽
得下去）。雖然不見得每個長輩都喜歡發表意見，但是，筆者認為
上課時可以多給長輩學員發表看法，是很好的上課方式。若在大學
校院中上課，安排大學生與長輩們在某些課程中互動也是不錯的方
式。

🍁 教育與身心健康之研究結果

　　根據文獻，教育程度高低也與疾病的發生率有關。例如在高所
得及中所得之國家的人民中，低教育程度者被發現與心臟病、呼吸
道疾病及癌症有關（Berkman & Kawachi, 2000; Marmot & Wilkinson,
1999），一些研究者認為受過較少教育者較容易罹患上述之疾病。

高齡教育對於身心健康之影響，一般是正面相關聯的（Lorant,
Deliège, Eaton, Rober, Philippot, & Ansseau, 2003）。譬如一篇發表於
新英格蘭醫學期刊的論文，該文作者認為老人學習活動（諸如玩樂
器、桌上遊戲、閱讀、跳舞等休閒活動）對於心智發展是重要的，
並有防止認知功能惡化（如失智症）的功用（Verghese et al.,
2003）。由此看來，老人的學習具有心智健康面向的務實功能，即
可以延緩心智功能衰退。該篇論文期刊的當時編輯為美國哈佛大學
醫學院學者Coyle，他對該研究的評論是：「我們對這個研究所提到
的休閒活動的效果非常同意，至少這類休閒活動可以增加老人的生
活品質。」（引自 Shiel, 2012）

　　Lachman、Agrigoroaei、Murphy 與 Tun（2010）的研究使用美
國大型資料庫（MIDUS）指出，那些低教育之中老年人一般都比較
少從事大腦認知相關活動（如讀書、寫作、參加演講及玩大腦認知
相關遊戲如紙牌等），如果那些低教育者能從事較多的大腦活動，
則他們的情節記憶能力（episodic memory，簡單的說，就是你是否
記得剛剛自己所經歷的事件的能力）有明顯提升的現象。至於高教
育者雖然從事較多認知活動，也有較高的情節記憶分數，但不顯著
提升。若單單以教育程度高低看他們的情節記憶分數，則教育程度
高者的確表現較佳。

　　這結果對於低教育之中高年齡者是一項喜訊，因為多從事大腦
活動是個人可以控制（加以改變）的，如果他們多做這方面的活動
可以改變記憶力的話，那對於防止失智症應該也會有正面的幫助。
Lee、Hsiao Wang 與 Chiao（2013）也利用該資料庫發現，老人認知
及身體活動有助於降低記憶抱怨情形發生。

未來高齡教育之發展

　　黃富順（2012）認為老人人口迅速增加，老人學習商機也應運而生。林孟儀（2007）認為日本由於老年人口的增加，包括音樂及電腦等教育學習課程不斷向老年人招手，形成無限的商機。例如山葉音樂教室，推出五十歲以上才能參加的鋼琴、薩克斯風、小提琴等音樂課程，甚至研發獨創的 easy guitar，使老年人更易於上手。這些都說明了人口老化使老人人數日益增多，且老人有學習意願，而商業界看到此趨勢，也發展課程滿足他們的學習需求。

　　綜合上述，筆者認為未來設計老人教育之課程或許可以注意到以下兩個層面：

一、學習服務提供的面向

　　學習服務提供的面向包含以下四個部分（如圖 11-1 所示）：

1. **參與便利性：**課程普及使有意願參與的老人都能很便利的參與。例如幅員廣大的鄉鎮可以設置多處小型學習點，使更多的老人可以參與學習活動。

2. **參與成本：**老人能免費或以最低之成本參與。目前雖然有些課程之提供是免費的，但是仍有部分學習單位提供之服務要收取費用。這對於部分退休的長輩是一項沉重的負擔。

3. **尊嚴之維護及個人獨立性之支持（Aday, 2003）：**提供服務之同時希望也能注意到被服務的長輩尊嚴，對待他們以尊敬尊重之態度。雖然部分長輩年齡稍大，也盡量能讓長輩們發揮其獨立自主精神。

4. **課程提供管道之多元：**提供服務除原據點外，也能提供到一些非

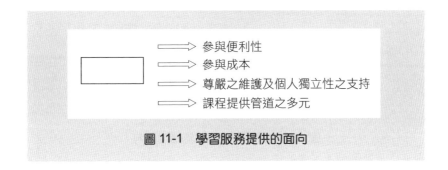

━━━> 參與便利性
━━━> 參與成本
━━━> 尊嚴之維護及個人獨立性之支持
━━━> 課程提供管道之多元

圖 11-1 學習服務提供的面向

傳統地點（如景點、托兒所、百貨公司等）等場地進行。

二、課程內容的面向

課程內容的面向，包含以下四個部分（如圖 11-2 所示）：

1. **參與動機提升**：設計適合多樣化的學習課程，吸引老人的參與興趣，如烹飪、理財、語言、養生、心理等不同類型，或其他具實用性課程，可以增加學習趣味性，使老人主動學習動機提升。此外，亦可增加鄰里活動訊息提供，使學習更具生活實用性。

2. **提升生命意義**：有些課程之參與可以提升老人生活價值或生命意義，譬如有些老人志工學習，眾多老人參與之目的是為了服務他人。

3. **彰顯在地特色**：社區學習或許可以運用地方特色，讓學習課程內容更加獨特。例如台北教育大學之樂齡大學，規劃利用其首善之區地理位置（位於博愛特區內）行政網絡特性，讓高齡長者接觸公部門各個領域，感受中央政府的呼吸與脈動，了解市政運作、服務社群。

4. **活躍老化之課程提供**：老人身心健康預防課題尤其須受到重視。

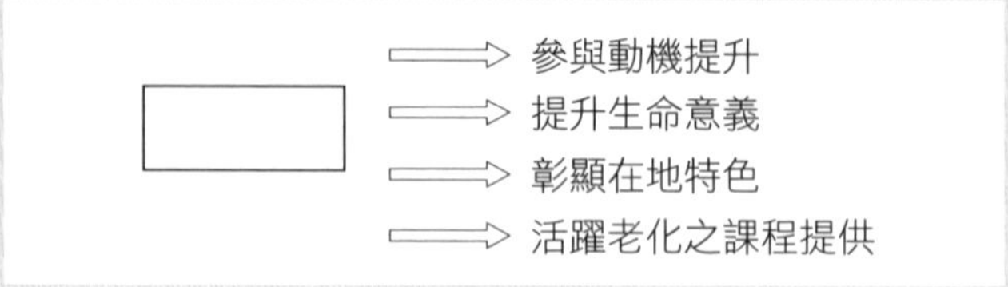

參與動機提升
提升生命意義
彰顯在地特色
活躍老化之課程提供

圖 11-2　課程內容可以含括之面向

身心疾病不但對自己造成生活品質的下降，也能讓家庭及社會的
負擔加重。活躍老化概念已經受到世界衛生組織及多個國家的重
視，所以這方面課程應該是相當重要的課程。譬如社會參與有益
健康，所以可提供這方面的參與機會或資訊；又如失智症是老人
相當重視且害怕得到的疾病，相關的知識就需要提供給老年人（甚
至提早給中年人這方面資訊）。預防老人失智症的發生可以多運
動、多動腦，並進一步設計出怎樣的活動身體或是怎樣的動腦可
以預防該疾病的發生，可在上課時以練習的方式教導給學員。

　　台灣樂齡學習的環境之成長似乎也日漸蓬勃，如樂齡大學由原
先 97 學年度之全國七所大學試辦開始，到 101 學年度已經增至 98
所之多，成長相當迅速。而樂齡學習中心之設置也遍及全台灣 22 縣
市，甚至離島連江縣也設有連江縣樂齡學習中心（教育部樂齡學習
網，2012a）。這當然是因應老人學習需求，也是各界努力的結果，
也企盼此學習機會能讓更多有意願之老人參與及分享，使他們身心
更健康、更樂活，都能達到成功（活躍）老化。圖 11-3 為普遍可見
之樂齡學習中心標示。

圖 11-3　樂齡學習中心標示
資料來源：教育部樂齡學習網（2012c）

參考文獻

中文部分

內政部（2007）。**辦理各項老人福利活動**。取自中華民國老人福利協會
　　http://www.oldpeople.org.tw/ugC_WelfareTopic_Detail.asp? hid-
　　WelfareTopicCatID= 14 & hidWelfareTopicID=55

成功大學推廣教育中心（2013）。**國立成功大學樂齡大學招生簡章**。2013
　　年5月7日，取自http://cice.acad.ncku.edu.tw/files/14-1061-97041,r88-1.
　　php

吳明烈、李藹慈、賴弘基（2009）。**2008台閩地區成人教育調查報告**。台
　　北市：教育部。

沙依仁（2005）。高齡社會的影響、問題及政策。**社區發展季刊，110**，
　　56-67。

明新科技大學（2012）。「**樂齡大學**」招生簡章。2012 年 10 月 9 日，取
　　自 http://moe.senioredu.moe.gov.tw/front/bin/ptdetail.phtml?Part=1111008
　　5&PreView=1

林孟儀（2007）。日本企業搶挖不老「銀」礦。**遠見，2**（1），172-185。

教育部（2004）。**我國老人教育政策專案研究計畫**。台北市：作者。

教育部（2006）。**老人政策白皮書**。取自 http://www.edu.tw/userfiles/
　　url/20120920154253/95.11%E9%82%81%E5%90%91%E9%AB%98%
　　E9%BD%A1%E7%A4%BE%E6%9C%83%E8%80%81%E4%BA%BA
　　%E6%95%99%E8%82%B2%E6%94%BF%E7%AD%96%E7%99%BD
　　%E7%9A%AE%E6%9B%B8.pdf

教育部（2011）。**中華民國教育報告書：黃金十年、百年樹人**。台北市：
　　作者。

教育部祕書室（2012）。**社會教育**。2013 年 2 月 1 日，取自 http:/
　　/140.111.34.54/secretary/content.aspx? site_content_sn=21151

教育部樂齡學習網（2012a）。**嘉南藥理科技大學 99 學年度辦理樂齡大學
　　資料一覽表**。2013 年 5 月 1 日，取自 http://moe.senioredu.moe.gov.tw/

front/bin/ptdetail.phtml? Part=11110110&PreView=1

教育部樂齡學習網（2012b）。**老人教育（樂齡學習）聯絡通訊錄**。2013年 2 月 1 日。取自 http://moe.senioredu.moe.gov.tw/front/bin/ptdetail.phtml? Part=09020001&PreView=1

教育部樂齡學習網（2012c）。**研究報告與出版品：研究報告**。台北市：作者。

教育部樂齡學習網（2013）。**國立成功大學 101 學年度樂齡大學課程資料**。取自 http://moe.senioredu.moe.gov.tw/front/bin/ptdetail.phtml? Part= 12090067 &PreView=1

黃富順（2004）。**高齡學習**。台北市：五南。

黃富順（2012）。**高齡化社會的挑戰與因應**。2012 年 10 月 16 日，取自 http://moe.senioredu.moe.gov.tw/ezcatfiles/b001/img/img/28/294079371.pdf

黃富順、林麗惠、梁芷瑄（2009）。**我國屆齡退休及高齡者學習需求調查研究**。新竹市：私立玄奘大學成人教育及人力發展學系。

蔡培村（1995）。從教育的觀點論高齡社群的教育發展取向。**成人教育與生涯發展**（頁 189-227）。高雄市：麗文文化。

英文部分

Aday, R. H. (2003). *The evolving role of senior centers in the 21st century*. Report for the Senate Special Committee on Aging, Tennessee. Retrieved from http://aging.senate.gov/public/_files/hr101ra.pdf

Berkman, L. F., & Kawachi, I. (2000). *Social epidemiology*. New York, NY: Oxford University Press.

Lachman, M. E., Agrigoroaei, S., Murphy, C., & Tun, P. A. (2010). Frequent cognitive activity compensates for education differences in episodic memory. *American Journal of Geriatric Psychiatry, 18*(1), 4-10.

Lee, P. L., Hsiao,Wang, C. W., & Chiao, C. H. (2013). *Physical activity, cognitive activity, and Health status related to subjective memory complains.* Paper

presented at 2013 annual conference of the Western Social Sciences Association, Denver, CO.

Lorant, V., Deliège, D., Eaton, W., Rober, T. A., Philippot, P., & Ansseau, M. (2003). Socioeconomic inequalities in depression: A meta-analysis. *American Journal of Epidemiology, 157*(2), 98-112.

Marmot, M., & Wilkinson, R. G. (1999). *Social determinants of health*. Oxford, UK: Oxford University Press.

Moody, H. R. (2010). *Aging*. Thousand Oaks, CA: Pine Forge Press.

Shiel, W. C. (2012). *Dementia prevention: Brain exercise*. Retrieved October 2, 2012, from http://www.medicinenet.com/script/main/art.asp? articlekey= 23705

Tun, P. A., & Lachman, M. E. (2008). Age differences in reaction time and attention in a national telephone sample of adults: Education, sex, and task complexity matter. *Developmental Psychology, 44*(5), 1421-1429.

Verghese, J., Lipton, R. B., Katz, M. J., Hall, C. B., Derby, C. A., Kuslansky, G., ... Buschke, H. (2003). Leisure activities and the risk of dementia in the elderly. *New England Journal of Medicine, 348*(25), 2508-2516.

第十二講　老人宗教信仰

宗教對於身體心理健康及社會人際的正面影響已被許多文獻所證實。擁有宗教信仰有助降低老年人的精神抑鬱現象、發現生命意義、減輕生活中的壓力。

　　中老年人隨著歲數日增，體力日衰，退出職場以後，生活重心一下子全然轉入家庭，剛開始不用工作很愜意，但幾個月後開始無聊起來，生活適應問題也就逐漸顯現。有些很會安排生活的長輩可能比較沒有這個問題，但是，有些長輩即使參與很多活動且有朋友的支持，似乎覺得生活還是缺少些什麼，也就是他們可能欠缺精神上的滿足。這就是本章所要探討的宗教信仰對老人的重要性。

🍁 宗教與身心健康及人際關係

　　宗教對於身體心理健康及社會人際的正面影響已經被很多國外文獻證實（Braam et al., 2001; Moreira-Almeida, Neto, & Koenig, 2006; Murray-Swank, Lucksted, Medoff, Yang, Wohlheiter, & Dixon, 2006; Oxman, Freeman, & Manheimer, 1995; Weatherly, 2001）。國外研究曾發現不論就個人或就整個國家而言，擁有宗教信仰有助降低老年人的精神抑鬱現象（Braam et al., 2001）、發現生命意義、降低生活中的壓力（Greene-Bush, Rye, Brant, Emery, Pargament, & Riessinger, 1999），甚至還可提高個人自尊心（Murray-Swank et al., 2006）。然而，那些因為身體因素導致無法參加教會活動者會產生較多的憂鬱症狀（Weatherly, 2001）。國外文獻也提到那些長期照顧病人尤其是照顧失智症者，壓力常常是很大的，所以他們的身心狀況也受到極大的威脅（Pinquart & Sorenson, 2003）。宗教對於疾病照護者（尤其是失智症）之正面支持的力量也已經廣受文獻的支持（Rabinowitz, Hartlaub, Saenz, Thompson, Gallagher, & Thompson, 2010）。

🍁 台灣目前各種宗教信仰人口比例及其宗教行為

　　中央研究院每五年做一次台灣社會變遷基本調查，該調查是由行政院國家科學委員會人文社會處所長期資助的一項全台抽樣調查研究計畫，主要以提供社會變遷研究資料檔案供各界分析研究為主要目的。筆者根據其 2010 年公布之資料庫分析國人宗教信仰，得到以下結果：

　　表 12-1 左半邊三欄可看出各年齡層國人具有宗教信仰者約占 80%，無宗教信仰者占 20%。有宗教信仰者，以民間信仰占最多數（34.2%），其次依序為佛教、道教、基督教、一貫道、天主教等。右邊三欄則為筆者再將資料細分為五十歲以上者來比較是否中高年

表 12-1　國人宗教信仰之比例（20～93 歲）

各年齡層	人數	比率（%）	50 歲以上	人數	比率（%）
佛教	412	21.7	佛教	204	26.8
道教	298	15.7	道教	118	15.5
民間信仰	649	34.2	民間信仰	303	39.9
一貫道	38	2.0	一貫道	14	1.8
軒轅教	1	.1	軒轅教	1	.1
天主教	19	1.0	天主教	9	1.2
基督教	74	3.9	基督教	29	3.8
無宗教信仰	395	20.8	無宗教信仰	78	10.3
其他，請說明	9	.5	其他，請說明	4	.5
總計	1,895	100.0	總計	760	100.0

齡層國人之宗教信仰與不分年齡層有差異，結果是大同小異。

🍁 國人赴寺廟、神壇或教會朝拜頻率

　　國人有宗教信仰者約多久去朝拜他們各自的「神明」？分析結果如表 12-2：一年好幾次的人最多（占了 31.5%），其次頻率相同者有三組：一個月兩三次／一個月一次／一年一次，各占 13.4%。

　　由這資料可約略歸納出：國人每月去朝拜他們的神明一次（含）以上的約有 37%；每星期至少去一次寺廟、神壇或教會的有 10.7%，即十人中有一人（應該不算多）。各年齡層及五十歲以上兩者總計的分配次數結果差不多，由五十歲以上組較有時間去朝拜其心中之神明，這結果可由前三項（一個月去兩三次以上者看出）。然而該組從未參與宗教活動者也較多。

表 12-2　國人赴寺廟、神壇或教會朝拜頻率（20～93 歲）

各年齡層	人數	比率（%）	50 歲以上	人數	比率（%）
每星期好幾次	92	4.9	每星期好幾次	57	7.5
每星期一次	109	5.8	每星期一次	47	6.2
一個月兩三次	254	13.4	一個月兩三次	121	15.9
一個月一次	254	13.4	一個月一次	71	9.3
一年好幾次	597	31.5	一年好幾次	223	29.3
一年一次	254	13.4	一年一次	83	10.9
幾乎沒有	215	11.3	幾乎沒有	99	13.0
從未參加	119	6.3	從未參加	59	7.8

　　由表 12-3 可知，雖然赴寺廟、神壇或教會的次數不多，但是只要去就可能有感受到生命充滿愛的力量（各年齡層及 50 歲以上組的比率分別為 32.3%、34.7%），去了沒受感動的在兩組都較少（28.9%、26.3%）。五十歲以上組在受感動 vs. 沒受感動的差異較大。

表12-3　國人赴寺廟、神壇或教會感受到生命充滿愛的比率（20～93歲）

各年齡層	人數	比率（％）	50 歲以上	人數	比率（％）
有	612	32.3	有	264	34.7
沒有	548	28.9	沒有	200	26.3
沒有參加過	733	38.7	沒有參加過	295	38.8

有無宗教信仰是否影響台灣長輩之心理健康？

　　截至 2013 年 5 月 24 日，以「老人」及「宗教」為標題關鍵字使用華藝線上圖書館搜尋，自 2003 年以來類似的研究發表於國內期刊僅搜尋到一篇，該文探討宗教動機與生活滿意度的關係（劉一蓉、蘇斌光，2009），他們的研究發現宗教內發動機與宗教傳統都會影響生活滿意度。碩士論文僅有兩篇，一篇為質化研究取向：陳榮春（2010）發現退休老人因宗教信仰而(1)日常生活的作息規律化；(2)積極奉獻促進身體的活動量；(3)改變飲食的習慣與加強對病痛的承受力。另一篇則為周昀臻（2010，引用摘要資料）使用社會變遷資料庫，探討宗教信仰虔誠度對老人自覺身心健康的影響。周昀臻發

現，客觀宗教信仰虔誠度與老人自覺身心健康有顯著關係；此外，男性性別、年齡愈大及教育程度愈高的老人，參與宗教活動的頻率較低。

一、研究方法

筆者使用中央研究院資料庫分析國人宗教行為及心理健康之關係，以下為「中高齡者宗教信仰與心理健康之關係」研究方法、結果及研究討論。

國外已有愈來愈多的研究呼籲成功老化應該及早開始，尤其中年就應該開始注意老化相關健康問題（Bowling & Dieppe, 2005; Group Health Cooperative, 2009）。本研究使用社會變遷資料庫（章英華、杜素豪、廖培珊，2011）第六期第一次抽樣調查資料，此資料共計成功完成訪問卷為 1,895 份（詳參章英華、杜素豪、廖培珊，2011）。筆者擷取中老年（50 歲，N = 756）國民資料做分析（他們一般居住於社區中），並將資料庫中之「心理健康」評量表使用因素分析法得到「身體症狀」（共四題）及「情緒症狀」（共五題）兩大類。有三個題目因為因素負荷量（factor loading）太低而被刪除。本研究分析題目樣本（僅列出部分題目）如下：

身體症狀樣本題目：

1. 覺得頭痛或是頭部緊緊的？
2. 覺得心悸或心跳加快，擔心可能得了心臟病？

情緒症狀樣本題目：

1. 覺得緊張不安，無法放輕鬆？
2. 覺得對自己失去信心？

上述心理健康變項，長輩之回答僅有四選項擇一：

(1)一點也不；(2)和平時差不多；(3)比平時還覺得；(4)比平時更覺得。

自變項：

「宗教愛」題目如下（僅有一題）：

請問您在參加宗教活動或（個人或團體的）靈修活動的過程中，有沒有感受到生命充滿愛的力量？

(1) 有　(2) 沒有　(3) 沒參加過（7.8%從未參加過，以遺漏值處理）

「宗教行為」題目如下（僅有一題）：

您目前大約多久去一次寺廟、神壇或教會？

(1)每星期好幾次　(2)每星期一次　(3)幾乎沒有（比一年一次更少）

(4)從未參加

控制變項：

此研究之控制變項為性別、年齡、教育程度、婚姻、人際互動，及個人兩星期來之健康情形。

二、研究結果

使用階層迴歸分析統計法得到結果如下：

宗教愛對於身體症狀在五十歲以上組有顯著差異，$p = .038$；宗教行為對於身體症狀在五十歲以上組有顯著差異，$p = .013$。

由此可看出，較頻繁參與宗教活動的行為及感受到宗教愛的力量之中高年齡者（五十歲以上），他們出現較少的心理健康的身體

症狀。所有變項中（包括控制變項）以「個人兩星期來之健康情形」影響心理健康最大（身體症狀），$p = .000$，女性在此研究中也出現較大之心理健康（身體症狀）問題。

本研究結果須注意的是由於樣本量大，所以這個顯著效果並不算大（雖然小於傳統之 .05 標準）。即還須更多相關研究投入來驗證此結果。

此外，研究尚得出以下結果：(1)有無宗教信仰本身與心理健康（身體及心理症狀）沒有顯著關聯；(2)參與者中有感受到宗教愛的力量及表現出較頻繁之宗教參與行為（參加廟會儀式或彌撒等），與心理健康之「情緒症狀」無顯著關聯。

三、研究結論

筆者研究結果顯示，「宗教愛的感受」及「宗教參與行為」對於我們的心理健康（身體症狀）是有助益的。但是有無宗教信仰本身與心理健康無關，宗教愛及宗教參與行為也與心理健康（情緒症狀）無關。

對於宗教愛好所表現出的參與行為及感受到宗教愛的力量之中高年齡者（五十歲以上），他們在本研究中出現較少的心理健康的身體症狀。這結果與之前國內僅有的少數相關論文符合（周昀臻，2010；劉一蓉、蘇斌光，2009），雖然該兩篇論文之參與對象、分析方式、變項（包括控制變項），及資料庫與本研究大部分相異（周昀臻之學位論文因無法取得，故僅由其摘要判斷）。國內另有一篇老人宗教信仰與憂鬱症論文投稿國外期刊，該研究結果顯示，那些從未參與宗教活動者（六十五至七十四歲）出現憂鬱機率是那些有

參與過者的 2.7 倍（Hahn, Yang, Yang, Shih, & Lo, 2004）。

此結果與國外研究基本上也是一致的（Braam et al., 2001; More-ira-Almeida et al., 2006; Murray-Swank et al., 2006; Oxman et al., 1995; Rabinowitz et al., 2010; Weatherly, 2001）。雖然也有國外研究結果顯示，有宗教信仰者較那些沒有任何信仰者出現較多的心理健康問題（Ng, Nyunt, Chiam, & Kua, 2011）。該研究令人訝異的是，這些人雖然有較多的心理問題，卻較少使用心理健康之諮詢或醫療服務。

宗教經常強調愛及寬恕，人生不如意事十之八九，若常懷寬恕之心，往好的一面去想，情緒就容易紓解與調解（李百麟、王巧利，2012）。Hill（2008）在其書中也提到，寬恕自己及他人是正向老化很重要的一步。當內心裡就只有美好的事，生活應該是會快樂些的，滿意度提高當然也是合理的。所以，本研究發現的愈多宗教愛及宗教參與的中高齡者出現較少的心理健康（身體症狀）是合理的。

本研究未能發現宗教愛的感受及參與行為對於心理健康的情緒症狀之紓解產生助益，這結果可能和參與者的自我覺察有關。亦即，這些中高齡者對於身體的症狀（頭痛）較易自我覺察，對於情緒症狀由於屬於感受（覺得失去信心）可能較難自我覺察，所以看不出其差異。或許使用更敏銳之情緒症狀評量工具，差異就能顯現。此外，「個人有無宗教信仰」對於心理健康（身體、心理症狀）也未發現其關聯。表示個人即使有宗教信仰，還無法與心理健康產生關聯，還需要不斷接近此信仰（宗教行為），並且了解它進而才能感受它的愛（宗教愛）。根據本研究，如此才可看出與心埋健康（身體症狀）之關係。

此外，宗教大都是勸人為善，所以，個人對於宗教信仰之教派

歸屬應該不至於影響此研究結果。筆者基於此種信念，所以未就宗
教派別對於心理健康影響做分析。國外類似研究也曾提到，老人信
仰之宗教派別與心理治療門診使用次數並無差別（Pickard, 2006）。

🍁 結語

　　社會變化快速，對於老人而言，過去的做事方法與觀念當與現
代的價值不合時，如何應對社會變化並調整自我心態當然是重要的。
譬如對於孝道觀念，老年人想法與現在年輕人的想法可能有差異，
以前傳統上強調大家庭，現在年輕人則是核心家庭為主，期待的不
同難免有失落感。宗教信仰在人際關係上強調愛人、寬恕、感恩（即
使幫助別人時也感恩別人）。在個人欲望追求上，常強調「放下」；
在面對世事無常之悲痛時，強調智慧及往上天的美好旨意著想。這
些做法對於面對生活上的種種遭遇或困境，應該是相當具有身心健
康的益處的。追求心靈的平安喜樂是宗教的目的，希望能有更多學
界對於這方面有更多的研究探討，以嘉惠國人、嘉惠老人身心健康。

參考文獻

中文部分

李百麟、王巧利（2012）。老人情緒與調適。**危機管理，9**（2），
95-104。

周昀臻（2010）。**宗教信仰虔誠度對老人自覺身心健康的影響**。國立成功
大學碩士論文，未出版，台南市。

章英華、杜素豪、廖培珊（2011）。**台灣社會變遷調查計畫**。台北市：中
央研究院社會學研究所。

陳榮春（2010）。**宗教信仰對華族退休老人生活適應影響之研究**。國立暨
南國際大學碩士論文，未出版，南投縣。

劉一蓉、蘇斌光（2009）。內發與外誘宗教動機與生活滿意度的關係：以
台灣四個不同宗教傳統的老人與大學生為樣本的試驗性研究。**安寧療
護雜誌，14**（3），254-274。

英文部分

Bowling, A., & Dieppe, P. (2005). What is successful ageing and who should de-
fine it? *British Medical Journal, 331*, 1548-1551.

Braam, A. W., van den Eeden, P., Prince, M. J., Beekman, A. T. F., Kivelae, S.
L., Lawlor, B. A., ... Copeland, J. R. M. (2001). Religion as a croos-cultural
determinant of depression in elderly Europeans: Results from the EURO-
DEP collaboration. *Psychological Medicine: Special Isssue, 31*(5),
803-814.

Greene-Bush, E., Rye, M. S., Brant, C. R., Emery, E., Pargament, K. I., & Ries-
singer, C. A. (1999). Religious coping with chronic pain. *Applied Psycho-
physiology and Biofeedback, 24*, 249-260.

Group Health Cooperative (2009). *Dementia diagnosis and treatment guideline.*
Washington, DC: Author.

Hahn, C. Y., Yang, M. S., Yang, M. J., Shih, C. H., & Lo, H. Y. (2004). Religious attendance and depressive symptoms among community dwelling elderly in Taiwan. *International Journal of Geriatric Psychiatry, 19*, 1148-1154.

Hill, R. D. (2008). *Seven strategies for positive aging*. New York, NY: W. W. Norton.

Moreira-Almeida, A., Neto, F. L., & Koenig, H. G. (2006). Religiousness and mental health: A review. *Revista Brasileira de Psiquiatria, 28*, 242-250.

Murray-Swank, A. B., Lucksted, A., Medoff, D. R., Yang, Y., Wohlheiter, K., & Dixon, L. B. (2006). Religiosity, psychosocial adjustment, and subjective burden of persons who care for those with mental illness. *Psychiatric Services, 57*, 361-365.

Ng, T. P., Nyunt, M. H. Z., Chiam, P. C., & Kua, E. H. (2011). Religion, health beliefs. *Aging and Mental Health, 15* (2), 143-149.

Oxman, T. E., Freeman, D. H., & Manheimer, E. D. (1995). Lack of social participation or religious strength and comfort as risk factors for death after cardiac surgery in the elderly. *Psychosomatic Medicine, 57*, 5-15.

Pickard, J. G. (2006). The relationship of religiosity to older adult's mental health service use. *Aging and Mental Health,10*, 290-297.

Pinquart, M., & Sorenson, S. (2003). Differences between caregivers and non-caregivers in psychological health and physical health: A meta-analysis. *Psychology and Aging, 18*, 250-267.

Rabinowitz, Y. G., Hartlaub, M. G., Saenz, E. C., Thompson, L. W., Gallagher, & Thompson, D. (2010). Is religious coping associated with cumulative health risk? An examination of religious coping styles and health behavior patterns in Alzheimer's dementia caregivers. *Journal of Religion and Health, 49*(4), 498-512.

Weatherly, D. (2001). Beyond church attendance: Religiosity and mental health among rural older adults. *Journal of Cross-Cultural Gerontology, 15*(2), 37-54.

國家圖書館出版品預行編目（CIP）資料

老人心理 12 講／李百麟著. --初版. -- 臺北市：
心理, 2013.12
　　面；　公分.--（心理學系列；11046）
ISBN 978-986-191-555-5（平裝）

1. 老年心理學

173.5　　　　　　　　　　　　　102014556

心理學系列 11046

老人心理 12 講

作　　　者：李百麟
執 行 編 輯：林汝穎
總 編 輯：林敬堯
發 行 人：洪有義
出 版 者：心理出版社股份有限公司
地　　　址：231 新北市新店區光明街 288 號 7 樓
電　　　話：(02) 29150566
傳　　　真：(02) 29152928
郵撥帳號：19293172 心理出版社股份有限公司
網　　　址：http://www.psy.com.tw
電子信箱：psychoco@ms15.hinet.net
駐美代表：Lisa Wu（lisawu99@optonline.net）
排 版 者：辰皓國際出版製作有限公司
印 刷 者：辰皓國際出版製作有限公司
初版一刷：2013 年 12 月
初版二刷：2020 年 1 月
I S B N：978-986-191-555-5
定　　　價：新台幣 280 元